Homs,
l'espérance obstinée

Ziad Hilal
avec François-Xavier Maigre

Homs, l'espérance obstinée

Préface de Monseigneur Gollnisch

bayard

18, rue Barbès, 92128 Montrouge
ISBN : 978-2-227-49623-1

Au père Frans Van der Lugt (1938-2014)
et à tous ceux qui, de par le monde, donnent leur vie
pour servir la paix, le dialogue et la fraternité.

« La branche fleurie donne son parfum
à ceux qui la cueillent. »
Père Frans Van der Lugt

Préface

par Mgr Pascal Gollnisch, directeur général de l'Œuvre d'Orient

Dès ma nomination à l'Œuvre d'Orient, mon premier voyage fut de retourner en Syrie, le seul pays d'Orient où je n'éprouvais pas le besoin d'avoir un chauffeur local. Avec mon compagnon de route, nous avons pu nous arrêter à Homs, visiter la petite communauté jésuite, tomber sous le charme des personnalités qui la composaient et pressentir la qualité de leur travail pastoral, en particulier dans la formation des catéchistes des différentes Églises présentes à Homs. C'était après les événements de Tunisie et d'Égypte. À la fin de mon périple, je me suis dit : « Au moins nous sommes sûrs d'une chose, rien ne se produira en Syrie. » Quelques jours après, les événements qui ont conduit à la guerre civile étaient déclenchés. Personne ne peut s'autoproclamer prophète…

Tous ceux qui sont allés en Syrie ont aimé ce pays et ses habitants… La Syrie a été le berceau de l'Œuvre d'Orient, à l'époque du massacre des maronites en 1860. Et le vieil émir Abd el-Kader, assigné à Damas en résidence par la France, avait recueilli des chrétiens afin d'éviter leur massacre. Mon illustre prédécesseur, le cardinal Lavigerie, qui n'était pas encore archevêque d'Alger, venant sur place pour organiser les secours, rendit visite à l'émir algérien pour lui exprimer sa gratitude.

La Syrie a été la terre de civilisations prestigieuses dont nous avons oublié à quel point nous leur sommes redevables, tout comme nous avons oublié que nous avons été une puissance mandataire sur ce pays, pour le meilleur et pour le moins bon.

Lorsque le conflit s'est accentué, durci, nous avons été les témoins impuissants des drames et des souffrances. Témoins de tragédies que nous n'imaginions pas connaître. Nous avons été bousculés par des scènes terribles qui ne faisaient pas partie du quotidien de notre génération, qui n'avait pas connu la guerre. Par-delà nos prières, nous nous sommes efforcés d'aider la population ou, plutôt, conformément à la tradition de notre association, d'aider les chrétiens à aider la population.

Mais un tel projet suppose d'avoir sur place un interlocuteur qui soit capable de le mettre en place sur le terrain. Il ne suffit pas d'envoyer des fonds ; il faut savoir à qui, quelle sera la personne capable d'initier les actions voulues, de les évaluer, de les mener à bien, de réunir et d'animer les équipes nécessaires.

À Homs, les jésuites ont très rapidement pris les choses en main. Le père Frans et son jeune collaborateur, le père Ziad Hilal, étaient tous deux résolus à continuer à vivre au milieu de la population, coûte que coûte.

En contact quotidien avec ce dernier, nous avons été témoins de sa détermination à être un serviteur et un rassembleur. Avec Ziad, la fraternité n'est pas un vain mot, au service de tous, attentif à chacun, il a été un pont entre les différentes communautés, entre les belligérants, qui a permis de sauver de nombreuses vies. Nous avons perçu son courage, mais aussi ses épreuves, parfois son désarroi. Combien de fois n'avons-nous craint pour sa vie ! Avec d'autres, nous lui avons apporté les moyens dont nous disposions pour aider les familles le mieux possible. Ziad nous a permis d'être en lien permanent avec la ville de Homs.

Grâce à lui, nous avons suivi l'épopée du père Frans dont il sera question dans ce livre. Nous avons suivi l'engagement des jésuites de Syrie qui, en étant fidèles à leurs convictions, ont été tués ou emprisonnés, martyrs de notre nouveau millénaire. L'action de ces religieux trouvera sa fécondité ultime dans la reconstruction de la Syrie de demain.

Au moment où nous écrivons ces lignes, après être retournés plusieurs fois en Syrie, nous avons constaté l'urgence de reconstruire les maisons et les villes, l'économie et les infrastructures ; mais il faut aussi reconstruire les âmes de ceux qui ont été blessés et endeuillés, mais aussi de ceux qui ont tué. Il faut reconstruire le « vivre-ensemble » qui ne viendra pas de quelque colloque, mais d'une expérience juste et vraie de la coexistence, de la reconnaissance mutuelle des personnes et de leurs souffrances. Dans ce type de situation, celui qui veut s'y employer est au mieux considéré comme un naïf ou un rêveur, plus souvent comme un imbécile, un aveugle ou un mou.

Alors qu'il y va de la force et de la crédibilité de l'Évangile : « Heureux les artisans de paix, ils seront appelés fils de Dieu. » Parfois nos amis chrétiens syriens nous demandent ce qui nous autorise à garder espoir ; je leur réponds que ce sont eux-mêmes qui sont la raison de nos espoirs. C'est la force de leur foi qui nous donne à nous, chrétiens d'Occident, la force d'espérer. La Syrie a besoin de prophètes, comme le père Ziad ou le père Frans ; d'un peuple de prophètes ! Puissent Ziad, les jésuites et les autres chrétiens de Syrie être le moteur de la renaissance de ce peuple de prophètes. La Syrie de demain ne sera pas comme avant ; il lui faut se réinventer, se redonner un projet, mais elle ne pourra le faire qu'en se réconciliant avec son histoire.

Que ce témoignage nous aide à mesurer le véritable sens et la réalité des valeurs telles que l'engagement, la responsabilité, la fraternité, l'humilité, la fidélité… la richesse infinie de nos valeurs chrétiennes. Puissions-nous y découvrir ce que les chrétiens d'Orient peuvent nous apporter.

Prière d'une balle perdue

Syrie. Décembre 2011. Un froid mordant sévit à Homs. Les coupures d'électricité, les combats intensifs et l'isolement nous plongent dans la terreur et l'incertitude. L'hiver s'annonce doublement rude. La vieille ville, naguère si paisible, n'est plus que l'ombre d'elle-même.

Je suis jésuite, et prêtre, j'ai appris la philosophie, la théologie, et l'éducation. Mais c'est la guerre qui s'est chargée de m'inculquer une autre grammaire. Celle des armes. Je suis désormais capable de distinguer un tir d'arme légère d'un tir d'arme lourde, de pressentir un danger après une déflagration un peu trop proche. L'oreille s'aguerrit mieux que le cœur.

Peu à peu, ce climat pesant fait remonter mes souvenirs d'enfance, quand mes cousins et mes amis libanais me racontaient leur quotidien durant la guerre civile dans leur pays. Ils durent apprendre plus tôt que moi à reconnaître les armes au bruit qu'elles font.

* *
*

Ce jour-là, je ne m'alarme pas outre mesure quand éclatent les premiers tirs, tout près du couvent jésuite de Homs. À une cinquantaine de mètres de notre résidence, un groupe de rebelles et une unité de l'armée gouvernementale se livrent un combat acharné pour reprendre un checkpoint. Nous commençons à connaître la chanson : chaque jour ou presque, les insurgés prennent d'assaut ce poste stratégique, dans l'espoir d'étendre leur périmètre. L'armée gouvernementale, elle, tient sa position au prix d'une guérilla sans merci. Dans ces conditions, pas question de traîner dehors. Cela fait dix jours que nous nous terrons. Moi qui ai fait le choix d'une vocation missionnaire, résolument tournée vers le monde, je dois me résoudre à vivre cloîtré, avec mes compagnons d'infortune. Un comble…

Le père Frans Van der Lugt, le jésuite néerlandais qui partage mon quotidien, en tant que supérieur de la communauté, a dû se rendre à Damas pour y retrouver d'autres religieux de la Compagnie de Jésus. En ces temps difficiles, nous veillons à ne pas rester seuls dans cette vaste demeure à portée des mitrailleuses. Cette fois, c'est un ami de la communauté, Pierre[1], la vingtaine, qui est venu me prêter main-forte. Depuis le début de la matinée, plusieurs balles perdues ont frappé notre façade. Piégés entre ces murs, vulnérables et désœuvrés, nous attendons notre destin. Jusqu'ici, nous avons tenu bon.

Assiégés par la peur, nous déjeunons en hâte dans ce confinement étrange où le temps paraît suspendu. Nos vivres s'amenuisent

1. Nous avons fait le choix de modifier certains prénoms cités dans ce récit.

à vue d'œil. Vivement que nous puissions nous ravitailler… L'estomac noué, je finis par regagner ma chambre située à l'étage du bâtiment. Perclus de fatigue à cause d'une grippe qui m'accable depuis plusieurs jours, je m'écroule au fond de mon lit. Il est quinze heures. D'une main fébrile, je ramène à moi le petit radiateur électrique à bain d'huile censé chauffer la pièce. En temps normal, j'évite de l'approcher des draps, de peur de les brûler, mais j'ai si froid avec cette fièvre… Je colle mes mains sur le métal attiédi. Le sommeil me gagne. Pas pour longtemps. Un sifflement, suivi d'un choc strident, me fait sursauter. Une balle perdue vient de transpercer la fenêtre du couloir et de ricocher sur le radiateur d'appoint, sur le mur puis sur la porte, et de nouveau le mur, avant d'achever sa course sur la céramique sombre du sol. Sur le moment, je pense avoir été touché. Pris de panique, je dégringole du sommier, palpant mon torse, mes bras, mes jambes, pour localiser la blessure. D'un instant à l'autre, je vais me vider de mon sang, le temps presse.

« Ziad ! Ziad ! Tu es vivant ? » C'est Pierre, mon compagnon d'infortune, qui vient d'accourir en hurlant. Il enfonce la porte et se précipite vers moi. Aussi choqué que moi, il m'examine avec minutie. « Que s'est-il passé ? Tu vas bien ? » Au bout de quelques secondes, l'évidence s'impose : je suis indemne. Ce radiateur, déplacé par hasard, m'a sauvé la vie.

Nous décidons de passer le reste de la journée au rez-de-chaussée, à l'abri des tirs. Hébétés et tremblants, nous devisons en attendant la nuit. Pierre attire mon attention sur l'image qu'il a aperçue en entrant dans ma chambre. On y distingue les visages des martyrs jésuites de la guerre du Liban. « Un peu plus et tu rejoignais leur club ! » me lance-t-il dans un éclat de rire. Quelle blague, dans ce moment de chaos ! Une façon comme une autre d'oublier la guerre et la souffrance. D'oublier la folie.

* *
*

Homs, début 2012. La ville s'enlise chaque jour un peu plus dans la guerre.

Le père Frans est rentré. Nous avons repris un semblant de vie communautaire. Ensemble, nous assurons de notre mieux une présence chrétienne, fraternelle et non partisane, au cœur de la vieille ville. Âgé et malade, le père Michael, d'origine néerlandaise, a dû quitter la maison début 2012, quand les combats ont rendu l'accès à l'hôpital incertain. Il s'est installé au Liban, où il mourra deux ans plus tard. Un autre père, d'origine polonaise, a dû, lui, se résoudre à partir pour une raison plus inquiétante : sa sécurité, qui allait de soi avant le conflit, ne nous semblait plus garantie. Fraîchement nommé à Homs, il venait de poser ses valises quand la situation s'est envenimée. Un jour, il s'est rendu au chevet d'une famille, à 300 mètres du couvent. Pris entre deux feux, il a dû rebrousser chemin et s'est réfugié chez les pères maronites pour la nuit. Avec sa grande taille, et ses cheveux blonds, il ressemble bien trop à un étranger dans les rues de Homs, ce qui en fait une cible potentielle pour des preneurs d'otage. L'enlèvement de plusieurs de nos connaissances a précipité la décision de son départ. Peu à peu, la guerre rebat les cartes de la société syrienne. Les équilibres vacillent. La peur est partout.

C'est en général à partir de 16 heures que les combats reprennent, pour s'intensifier jusqu'à la tombée du jour. Nous menons une vie rude, précaire. Dans le couloir situé à l'étage de la résidence, qui a la fâcheuse caractéristique d'être vitré, nous avons appris à nous mouvoir à pas feutrés, calculant chaque déplacement, pour éviter d'attirer l'attention des tireurs embusqués. Leurs positions ont beau être éloignées, nous restons à leur portée. Les risques sont réels, notamment dans nos chambres. Avec la pénurie de fioul et d'électricité, nous prenons parfois le risque de laisser les rideaux ouverts pour bénéficier d'un peu de chaleur naturelle, grâce à l'ensoleillement hivernal. Dangereux, mais nécessaire. Depuis la balle perdue, mon lit se trouve cependant loin de l'embrasure de la fenêtre…

1er février 2012. J'émerge de bonne heure. Habituellement, la matinée est synonyme de répit. Mais ce jour-là, des tirs nourris, ponctués de déflagrations assourdissantes, douchent nos espoirs de trêve. L'accrochage éclate à une vingtaine de mètres. J'essaye de me concentrer sur l'article que je suis en train de lire, mais étudier dans de telles conditions est un exercice impossible. Surtout quand le texte est compliqué. Dieu merci, j'ai la chance de vivre avec le père Frans, un être d'une immense culture, que je sollicite souvent. À cette heure-là, il doit être à son bureau, profitant comme souvent des premières lueurs du jour pour avancer un travail en cours. J'aime venir lui tenir compagnie dans cette chambre exigüe, envahie de livres et de souvenirs qui lui ressemblent tant. Frans déchiffre aussi bien le français, l'anglais et l'arabe que le grec. Il peut passer de longues heures à comparer diverses traductions d'un même verset d'Évangile, soucieux d'approcher au mieux l'essence des Écritures. Fin linguiste, intellectuel avisé, Frans appartient à cette catégorie de prêtres qui peaufine sans relâche ses homélies, ses enseignements… Un homme d'une telle exigence vous marque à jamais.

Mais cette fois-ci, tout ne se passe pas comme prévu.

Je tambourine à la porte.

À peine Frans s'est-il levé pour m'ouvrir que trois balles tirées d'on ne sait où criblent la vitre, dans un grand éclat de verre brisé. Les impacts, très serrés, trahissent un tir de précision visant le visage du père Frans. Sans doute un sniper. Et si Frans était resté à son bureau ? Et si je n'étais pas venu lui demander conseil ? La Providence emprunte parfois des détours mystérieux.

– Frans, c'est terrible, on essaye de nous tuer !

Je me sens gagné par une fureur sourde, les nerfs à vif. Frans, lui, ne peut réprimer un sourire. Son détachement me sidère.

– Frans ! Rends-toi compte ! Tu viens de frôler la mort !

Frans se met à rire. Comme si rien n'avait d'importance, comme si la guerre était un jeu. Je n'oublierai jamais son regard empreint d'espièglerie, son incompréhensible sérénité face au Mal.

– C'est sans doute une erreur, cela ne fait rien, me rétorque-t-il avec douceur. La mort nous a encore ratés.

– Erreur ou pas, maintenant, tu descends avec moi. On va se mettre à l'abri.

– Pardonne-moi, je dois continuer à travailler. Dans quelques jours, je prêche une retraite et je tiens à ce que tout soit prêt.

Prêcher ! Est-ce vraiment le moment d'affûter ses arguments théologiques ? Frans entend poursuivre cette mission de prédication qu'il tient en haute estime. N'en déplaise aux belligérants, notre jésuite de 73 ans a prévu de se rendre au centre spirituel d'Al-Touffah, au cœur d'une région montagneuse située à une soixantaine de kilomètres à l'ouest de Homs. Comme j'admire son courage, sa force intérieure !

– Si tu veux rester à l'étage, fais-moi plaisir, éloigne-toi au moins de cette fenêtre.

– Très bien. Et sois tranquille. Je te rejoins pour déjeuner.

De retour dans mes quartiers, sonné par ce nouveau tête-à-tête avec la mort, je me rue sur mon clavier d'ordinateur. Un texte viscéral, « Prière d'une balle perdue », me vient spontanément. Je le poste aussitôt sur les réseaux sociaux. En quelques heures, cette prière est relayée par les internautes, du monde arabe jusqu'à l'Europe… Née dans l'urgence, ma supplique ne ressemble en rien à celles que l'on murmure habituellement dans les églises. Elle adopte le point de vue de la balle de fusil qui vient d'épargner le père Frans. C'est elle que je fais parler. Elle n'a jamais voulu semer la mort et rend grâce à Dieu de lui avoir fait manquer sa cible. Tuer un prêtre, un être désarmé, offert à tous les hommes, elle ne l'aurait pas supporté.

Je suis alors loin de me douter qu'une autre balle, tirée à bout portant dans le jardin de la maison deux ans plus tard, viendra souffler la vie de cet homme exceptionnel…

* *
*

L'orage approche

Rien dans mon parcours ne me destinait à côtoyer un tel degré de violence. Je suis né dans le sud de la Syrie dans un petit village à 55 kilomètres au sud de Damas dans la région du Hauran, au sein d'une famille catholique pratiquante de rite byzantin. Cinquième d'une fratrie de neuf enfants, ma jeunesse est marquée par la disparition brutale de mes parents à deux ans d'intervalle. Après leur mort, nous avons déménagé à Damas. J'ai suivi une scolarité paisible au collège patriarcal Notre Dame de la Délivrance placé sous la tutelle de l'État. Puis, à 14 ans, je suis entré au petit séminaire dirigé par les pères paulistes, une société de prêtres melkites très présente en Syrie, avant d'entreprendre des études d'économie à l'université de Damas.

Devenu jeune homme, je me lie d'amitié avec un père jésuite à la faveur d'une formation sur la prière au Liban. Puis je demande à suivre les exercices de saint Ignace. Cette retraite me marque beaucoup. En 1995, je postule à la Compagnie de Jésus, et commence à suivre des formations dans plusieurs pays. Après un deuxième cycle en théologie et en philosophie à Paris, j'atterris en Haute-Égypte en 2008 pour enseigner la catéchèse au collège jésuite de Minia. Un an plus tard, mes supérieurs me rappellent en Syrie pour épauler la communauté jésuite de Homs. Je suis ordonné prêtre en 2010 des mains de Mgr Joseph Absi, évêque auxiliaire grec-catholique de Damas, dont dépend ma communauté d'origine[1].

À mon arrivée, Homs m'offre le visage d'une cité hospitalière alliant tradition et modernité. Coutumier du rythme trépidant des capitales, je suis frappé par la douceur provinciale qui règne ici : peu d'embouteillages, une vraie convivialité… Huit cent mille âmes s'y pressent, et pourtant, il subsiste dans ces ruelles quelque chose de simple. Comme dans n'importe quelle cité du Moyen-Orient, les étals des souks regorgent de parfums enivrants, d'artisanat local et d'étoffes chatoyantes. Une cohue joyeuse anime les places, les restaurants. Ici, la décontraction est érigée en art de vivre.

Troisième ville de Syrie, Homs bénéficie d'une situation géographique idéale sur les rives de l'Oronte, à proximité des frontières libanaise et irakienne. On raconte que toutes les routes passent par Homs et ce n'est pas loin de la vérité. « Nous sommes la capitale ! » clament orgueilleusement les Homsiotes, en guise de pied de nez à leurs grandes sœurs aleppine et damascène. Carrefour entre le Nord et le Sud du pays, l'agglomération, de fait, est prospère. Quand ils ne sont pas employés à la raffinerie — l'une des plus importantes de Syrie —, les habitants travaillent aux champs. Politiquement aussi, Homs a toujours joué un rôle à

1. Le 21 juin 2017, Mgr Joseph Absi a été élu patriarche de l'Église grecque melkite catholique.

part dans l'histoire syrienne. Au XXe siècle, la ville a donné deux présidents d'État, issus de la famille Attassi. Mais pour une raison qui m'échappe, les autres Syriens se moquent souvent des habitants de Homs. Rien de cruel à cela, car au fond, on les aime bien : leur sens de l'autodérision et leur proverbiale indulgence les rendent attachants. Ils ont ce zeste d'affabilité, de prévenance, qui vous fait vous sentir en famille parmi eux. Lorsque j'apprends que la Compagnie m'y envoie en mission, je suis donc heureux de rejoindre cette ville.

À Homs, les jésuites sont implantés de longue date. Nous y administrons trois lieux de culte. Il est important de préciser qu'à l'image de la Syrie, la cité abrite une mosaïque de communautés chrétiennes, héritage de l'histoire foisonnante — et parfois tragique — du christianisme au Proche-Orient : syriaques, grecs melkites, grecs-orthodoxes, maronites, chaldéens, arméniens… L'Église latine, à laquelle je me rattache à présent, en tant que jésuite, constitue le groupe le moins nombreux, mais ses œuvres — éducatives, spirituelles et sociales — lui assurent un rayonnement de premier plan. En Syrie, l'Église latine relève d'un évêque unique, qui siège à Alep. À Homs, il est représenté par les jésuites — à cette époque, il s'agit encore du père Frans — seule congrégation latine dans la ville. C'est dire l'importance de notre famille religieuse en ces lieux.

Au cœur de l'ancienne ville, notre résidence jouxte la paroisse latine, qui draine chaque dimanche une trentaine de familles. Curé dévoué et très apprécié, le père Frans est aussi le supérieur de notre communauté. Celle-ci est composée de quatre jésuites : le père

Michael Brenninkmeyer, d'origine néerlandaise, le père Zygmunt Kwiatkowski, un Polonais, le père Paolo Dall'Oglio, de nationalité italienne (et dont la disparition, en pleine guerre, demeure à ce jour inexpliquée, j'y reviendrai...). Et, bien sûr, celui qui vous écrit ces lignes. Notre quotidien s'apparente à celui de n'importe quelle paroisse : ce sont des messes à célébrer, au plus près des joies et des peines de nos concitoyens. Fidèles à notre veine ignacienne, nous accompagnons plusieurs équipes de Communauté Vie chrétienne (CVX) désireuses de partager notre spiritualité. La paroisse dispose en outre d'un comité de solidarité qui vient en aide à une trentaine de familles défavorisées de Homs. Don de médicaments, soutien financier ou simple écoute, nous essayons, avec les moyens du bord, d'alléger leur fardeau. Dès mon arrivée, les pères m'en confient la responsabilité.

Je suis nommé en même temps responsable du centre Saint-Sauveur, voué à la catéchèse. Ce centre est situé dans la banlieue sud, à Al-Nouzha, un quartier sorti de terre dans les années 1960 pour absorber l'afflux de paysans venus des campagnes après la crise économique. Ces cultivateurs, très modestes, se sont pour la plupart reclassés comme ouvriers dans les usines, parfois dans la fonction publique. Conscients de leurs besoins, les jésuites ont bâti une église et un centre d'accueil au cœur d'Al-Nouzha. À majorité musulmane, comme le reste de la ville, ce quartier abrite une importante communauté chrétienne, principalement grecque-orthodoxe. Notre église, bien entendu, leur est ouverte, dans le respect du rite byzantin qui caractérise leurs célébrations. Cet œcuménisme de terrain m'apparaît comme un signe prophétique dans un Moyen-Orient en proie aux divisions.

La présence chrétienne dans le quartier d'Al-Nouzha doit aussi beaucoup au rayonnement des sœurs des Saints-Cœurs de Jésus et de Marie, une congrégation dont la fondation remonte au XIXe siècle. À Homs, elles vivent dans trois communautés différentes. Nous avons conclu un accord permettant aux sœurs d'habiter l'étage de notre centre, où elles assurent la catéchèse et bon nombre d'activités pastorales. Fort d'un large réseau de bénévoles, le centre Saint-Sauveur s'impose comme un lieu dynamique et rayonnant.

À cette même époque, je supervise aussi la restauration de nos deux maisons, de nos deux centres pastoraux et de nos deux églises principales. Quant au troisième clocher, il se trouve à Bab-al-Sibbah — ce même quartier où ont éclaté, en 2011, les premières manifestations hostiles au gouvernement. Comme les grecs-orthodoxes d'Al-Nouzha, les grecs-catholiques melkites sont chez eux dans notre église Notre-Dame de Bab-al-Sibbah. À Homs, il faut comprendre que le christianisme se joue des divisions dans lesquelles on le confine trop souvent. L'hospitalité y est réelle. Soucieux de garantir l'avenir des chrétiens, je m'emploie, à la demande du père Frans, à restaurer et à embellir cette petite église. Entre deux réunions de chantier, j'assure la catéchèse aux côtés des sœurs, et je forme les éducateurs de nos centres.

Au-delà de la ville elle-même, nous entretenons des liens privilégiés avec les villageois de la région. Il existe non loin de Qousseir, à une trentaine de kilomètres au sud de Homs, un centre agricole fondé par le père Frans grâce à un ami de la communauté, le bien nommé Abed Almasieh Atteih — ce qui signifie « serviteur du Christ ». Composé d'un centre d'accueil et de développement social et d'un centre spirituel, le domaine Al-Ared (« la terre ») héberge mille et une propositions. On y trouve une école spécialisée pour des jeunes atteints d'un handicap mental, ainsi qu'une maison d'accueil pour les familles en quête de ressourcement. Tout autour s'étend un domaine viticole de près de 52 hectares. Un vin renommé y est produit, ainsi que de l'huile — succulente !

Le conflit ? Rien ne l'annonce encore, en 2010. Nous sommes au bord du gouffre et tout le monde l'ignore. Le Printemps arabe, en 2011, sonnera comme un coup de tonnerre. Soudain, la révolution tunisienne est sur toutes les lèvres, comme si la chute de Ben Ali déliait les langues. Pour la première fois, on entend des Syriens évoquer ouvertement la nécessité de réformes. J'y perçois alors, comme beaucoup, un écho au Printemps de Damas, qui avait fait souffler dans les années 2000 un vent de nouveauté sur le pays, et au-delà, dans l'ensemble du monde arabe. Mais ce qui se trame est d'un autre ordre. Sur Internet, les réseaux sociaux bruissent de critiques, de remises en cause du pouvoir. Certains jeunes s'autorisent des traits d'humour jusqu'alors impensables, tournant le gouvernement en dérision, au mépris de la censure. Des groupes privés se constituent sur Facebook, y compris parmi les chrétiens, pour commenter la crise tunisienne et ses répercussions en Syrie.

* *
*

Fin 2010, le vent de révolte qui s'est levé en Tunisie se répand en Égypte. L'Égypte est plus proche de nous non seulement par la géographie, mais aussi par la mentalité. De nombreux Syriens ont des amis en Égypte, et réciproquement. Autant dire que le soulèvement de la place Tahrir est scruté de près, chez nous à Homs. Chacun y va de son analyse, et inexorablement, les passions s'attisent. J'en ressens l'intuition très nette : l'orage approche…

Le parti Baas, au pouvoir depuis 1963, se voit de plus en plus contesté. Ce qui était tabou soudain ne l'est plus. Jusqu'à présent, il était hors de question de débattre des affaires publiques, ou de gloser sur la légitimité du président. Les services de renseignements inspiraient la crainte. Aujourd'hui, toute prudence semble balayée. Si le régime égyptien tombe, tous les autres régimes arabes sont promis au même sort, pensent beaucoup. Car, dans le monde arabe, le peuple égyptien fait figure d'exemple, et la démission forcée d'Hosni Moubarak, le 11 février 2011, est accueillie par des cris de joie dans certains quartiers de Homs. Cette liesse est amplifiée par les médias, qui diffusent en boucle les images de la révolte, et par les réseaux sociaux, où fusent des milliers de commentaires enflammés.

Rien ne sera plus comme avant. Nous le ressentons tous. Le Printemps arabe s'approche de la Syrie. Il n'est plus qu'à quelques pas.

* *
*

Blessures jumelles

Fin mars 2011 éclatent les premières manifestations antigouvernementales à Homs. Les protestataires se réunissent en général le vendredi et le samedi. Mais ce n'est qu'à compter du 18 avril que les événements prennent une tournure sérieuse. Ce jour-là, certains décident d'occuper la place de l'Horloge, dans le centre-ville. Dans l'après-midi, des milliers d'habitants commencent à s'y masser. Dans les rues, la tension est palpable. « Ziad, je préfère que tu ailles à Al-Nouzha, et que tu restes auprès des religieuses, si quelque chose de grave devait arriver », me suggère Frans. Ni une ni deux, j'enfourche mon vélo bleu. En route, je croise de nombreux manifestants qui convergent vers la place, les bras chargés de matelas, de tapis, de nourriture… « Nous y resterons jusqu'à ce que le gouvernement tombe ! » clament-ils en chœur. Je passe la soirée avec nos sœurs. Nous ne savons rien de ce qui se trame dehors. Sortir ? Ce serait imprudent. Et soudain, vers minuit, des tirs déchirent le silence. Ils sont si nourris qu'on jurerait une guerre ouverte. Le visage des sœurs se décompose, glacé par l'effroi. Sur leurs joues perlent des larmes. Peu après, des voix s'élèvent des minarets alentours, enjoignant les fidèles à soutenir leurs frères musulmans persécutés. C'est un véritable appel au djihad — la « guerre sainte » — qui est lancé, dans un chaos général. Jamais, dans notre ville, nous n'avons vécu ou entendu une telle chose. Après une nuit blanche, je m'éclipse de bonne heure à bicyclette. Je veux me rendre compte de ce qui s'est passé hier. La place de l'Horloge est déserte. Seuls s'activent encore quelques pompiers, qui nettoient les routes, dégagent les accès. Partout, des vitrines brisées. Un autre curieux se promène à vélo. C'est Frans. Nous sommes sans voix. Pendant trois jours, les rues resteront désertes. Désormais, la violence ne cessera de croître dans la ville. La peur devient quotidienne.

Très tôt, certains ont cru voir dans la crise syrienne l'expression d'un conflit confessionnel. Il y a dans cette perception une part de vérité. Il suffit d'observer la carte de Homs, avant la guerre, pour s'en convaincre[1]. Les quartiers sunnites — confession majoritaire à Homs — couvrent une large bande allant du sud-ouest au nord-est de la ville. Les chrétiens, eux, se concentrent dans la vieille ville et dans les villages situés en périphérie de l'agglomération. Quant aux alaouites, issus de l'émigration économique des années 1960, on les retrouve au sud du cœur historique, dans les quartiers d'Al-Adawyia, d'Akrama, d'Al-Nouzha et d'Al-Zahra à l'est. La ville abrite aussi une communauté chiite. Écheveau subtil, Homs a toujours su préserver l'harmonie entre ses différentes composantes. En quelques mois, la guerre a tout fait voler en éclats.

C'est à Bab-al-Sibbah, modeste quartier sunnite à l'ombre de la citadelle de Homs, qu'éclatent les premières manifestations

1. Voir carte en annexe.

antigouvernementales, au printemps 2011. Sous l'effet d'une escalade implacable, les troubles se muent en affrontements armés. Cette vague de violence déstabilise l'équilibre intercommunautaire. De folles rumeurs sont colportées : des sunnites chercheraient à se venger des alaouites, accusés de soutenir la répression et le gouvernement. On rapporte des égorgements. Réciproquement, certains, dans les rangs alaouites, sont soupçonnés d'exactions sur les sunnites. Impossible de vérifier ces rumeurs folles. Peu importe. Le poison de la méfiance s'instille. Les alaouites et les chiites cessent de fréquenter Bab-al-Sibbah, redoutant d'y être pris pour cible. Qui propage ces mensonges ? Nous ne le saurons jamais. Ils auront suffi à instaurer un climat de terreur entre les communautés, sonnant la fin d'une entente séculaire. Au cours de l'hiver, j'apprends que les familles alaouites et chiites ont retiré leurs enfants des écoles implantées dans les quartiers sunnites. Les chrétiens, bientôt, les imitent. À moins d'être connu des habitants, aucun visiteur ne se risque dans le dédale de Bab-al-Sibbah et d'Al-Safsafeh. Les rebelles, désormais armés, arrêtent les étrangers. Ces quartiers, seuls les chrétiens les traversent encore.

Je suis prêtre et il faut bien que j'assume mes missions quotidiennes. Prudemment, j'apprends donc à m'orienter dans une ville en état de siège. À pied ou à vélo, parfois en voiture, avec un copilote, tous les moyens sont bons. Au prix de risques toujours plus grands, j'assure la navette entre Boustan-Diwân, où nous habitons, et Al-Nouzha, où se situe le centre Saint-Sauveur, en passant par Bab-al-Sibbah et Al-Safsafeh.

Avant le conflit, j'ai côtoyé tant de personnes par ici, surtout des artisans et des ouvriers. Certains travaillaient pour nous. Nous nous connaissons bien. Les revoir, même brièvement, me fait oublier ces tensions. Ensemble, nous commentons l'évolution de la situation ou échangeons des nouvelles de ceux qui ont fui. Les alaouites s'enquièrent de leurs amis sunnites, réfugiés dans les quartiers rebelles. La hargne n'a pas détruit tous les liens. Et cela me donne de l'espoir.

La guerre est une loterie cruelle. À Homs, on meurt des deux côtés. J'éprouve une peine indifférenciée pour toutes les victimes, fauchées par un conflit qui les dépasse. Il y a les tragédies anonymes et celles qui vous touchent de plus près. À l'image de l'histoire de Mahmoud, un chauffeur d'Al-Safsafeh, que je tiens en haute estime. Nos paroissiens ont vécu tant de pèlerinages, de voyages et d'excursions à bord de son autocar. Sunnite, Mahmoud est très aimé des chrétiens. En particulier des enfants. C'est dire si je suis heureux de le revoir.

D'ordinaire enjoué, Mahmoud, ce jour-là, dissimule mal son inquiétude. « Il est arrivé malheur à mon frère, m'expose-t-il gravement. Deux balles l'ont fauché alors qu'il traversait la rue. Son état empire d'heure en heure. » Aussi sec, Mahmoud m'entraîne dans sa maison, où je découvre le jeune homme, étendu sur un lit, très affaibli, le visage blême. Quel spectacle terrible ! C'est un grand gaillard, à la moustache élégante. Une trentaine d'années, tout au plus. Et costaud, de surcroît. Cela pourrait jouer en sa faveur s'il n'avait perdu autant de poids. « Nous avions faim, je suis sorti pour ravitailler la famille. Un tireur m'a pris pour cible. Je n'ai rien pu faire », articule le blessé, qui a perdu l'usage de ses jambes. Le transporter à l'hôpital ?

Trop risqué. Ses proches redoutent à leur tour d'être visés. Lourd de ces confidences, je reprends ma route vers le centre Saint-Sauveur.

À quelques encablures de là, j'apprends qu'un autre jeune homme, alaouite lui, a été soufflé par une explosion. Je connais sa famille ; des gens estimables. Comme beaucoup dans cette communauté, leur fils a dû interrompre ses études universitaires pour accomplir le service militaire obligatoire. Simple formalité, promettait-on. Mais ça, c'était avant. Il n'imaginait pas qu'il lui faudrait livrer bataille contre ses concitoyens, dans son propre pays. Lui n'aspirait qu'à savourer ses vingt ans, tomber amoureux. Vivre… À la vue de ses plaies, d'une gravité patente, l'émotion me submerge. « C'est arrivé dans notre caserne, dans le sud de la ville, souffle le blessé. Une salve d'obus de mortiers, tirés par les rebelles, a détruit notre position. » Touché aux jambes et aux mains, il a aussi perdu un œil dans l'explosion. Marcher ? Il n'y pense même plus. Un jour peut-être, si Dieu le veut.

Deux blessés. Deux destins brisés. Et la même incompréhension. La vision de ces deux êtres, fauchés dans la fleur de l'âge, victimes innocentes de la folie humaine, me hantera longtemps. Comme je le pressentais, tous deux se livrent à une lecture confessionnelle du conflit qui les a broyés : « On a voulu me tuer parce que je suis sunnite, alaouite… » Quelque chose en moi ne peut se résoudre à voir croître la peur, encore et encore, dans le cœur des Syriens.

Quelques jours plus tard, je décide d'aller prendre de leurs nouvelles. Avec une prudence extrême, je me faufile, à bicyclette, d'un quartier à l'autre. Je retrouve le frère de Mahmoud, dont l'état demeure préoccupant. Puis je me rends au chevet du jeune soldat alaouite. Auprès de chacun d'eux, je veux transmettre un message de paix. Tous deux m'écoutent avec attention, visiblement sensibles à ces paroles. La douleur des hommes a des symétries qui dépassent les quartiers, les camps, les religions. Si je pouvais, modestement, renouer des liens que la guerre s'évertue à rompre… « Chacun de nous peut subir le même sort. Les balles et les missiles ne font pas de différence entre les alaouites, les sunnites et les chrétiens. La violence est aveugle. Notre sang n'est ni musulman ni chrétien. Nous sommes humains et nous sommes frères. »

Le destin croisé de ces deux blessés me fait ressentir au plus profond de moi qu'au-delà de la terreur, de la méfiance réciproque, c'est le même peuple qui souffre. Au cœur de la tourmente, je veux m'inspirer du Bon Samaritain de l'Évangile, afin de ne jamais perdre le goût des autres. Au cœur de la tourmente, je veux servir ceux qui en ont le plus besoin. Qu'importe leur quartier d'origine. Qu'importe leur camp. Qu'importe leur appartenance. Mais parviendrai-je à professer cette fraternité sur le fracas des déflagrations ?

* *
*

Le visiteur de Noël

Décembre 2011. Dans cinq jours, c'est Noël. Difficile à croire. Il y a longtemps que Homs n'a plus le cœur à la fête. Les combats font rage, des quartiers entiers se sont vidés. Dans cette ville fantôme, la moindre visite tient du miracle. Or, le père Frans m'apprend qu'un jeune homme de Damas vient passer quelques jours chez nous. Il reste évasif sur l'identité du mystérieux invité, un certain Bassel Shahade, que nous avons entraperçu l'été dernier. J'ai beau protester à mi-voix, arguer des risques encourus par notre hôte, peu coutumier de la vie au cœur d'une ville assiégée, Frans se montre moins pessimiste : « Tout se passera bien, ne t'en fais pas », me rassure-t-il.

Je voudrais lui faire confiance, mais mon inquiétude s'accroît quand j'apprends que Bassel Shahade est un jeune vidéaste et photographe. Lauréat d'un prix à Damas pour l'un de ses documentaires, promis à un avenir brillant, il a décroché une bourse qui lui a permis d'aller poursuivre ses études de cinéma à l'université de Syracuse, aux États-Unis. Quand la révolte a commencé, il est rentré chez ses parents, à Damas. Et de là, il a mis le cap sur Homs, où nous le recueillons à quelques jours de Noël. À 28 ans, Bassel est doté d'un charisme certain. Mais avec ses longs cheveux ondulés aux reflets roux, on le repère de loin. Quel étranger serait assez fou pour s'aventurer aujourd'hui dans le dédale de nos quartiers chrétiens ? D'emblée, Bassel me fait l'effet d'un doux rêveur, épris d'aventure et d'idées généreuses. Fasciné par la jeunesse itinérante de Che Guevara, il me raconte avoir enfourché, seul, sa moto de la Syrie jusqu'à l'Inde, en passant par l'Afghanistan. Un téméraire, un passionné. En dépit de toute la sympathie que m'inspire son histoire, je m'inquiète de le savoir à Homs, où le moindre faux pas pourrait lui coûter la vie. Pendant les deux premiers jours, nous passons beaucoup de temps à bavarder ensemble.

Que nous vaut sa venue ? Cela reste pour le moins obscur. Frans finit par m'expliquer que Bassel vient nous prêter main-forte pour moderniser le site internet de notre centre agricole. Me voilà rassuré. Partiellement. Au bout de quelques jours, Bassel trépigne entre les murs du couvent : il aimerait découvrir la ville, ce que je lui déconseille vivement. Devant son impatience, je finis par lui proposer de l'accompagner, mais le mets en garde : tout déplacement requiert la plus grande prudence. Si je m'aventure encore dans la vieille ville, sur ma frêle bicyclette bleue, c'est parce que j'ai acquis une connaissance précise du terrain, des forces en présence à chaque coin de rue, derrière chaque porte. Il m'arrive aussi de circuler au volant d'une vieille Volkswagen des années 1960, dont la teinte jaune vif, connue des rebelles aussi bien que des soldats de l'armée gouvernementale, nous garantit une sécurité… toute relative. Bassel consent à se plier à ces règles et me promet de ne pas s'exposer seul aux périls de la guerre.

* *
*

Hormis Bassel, nous recevons de moins en moins de visiteurs. La peur paralyse les cœurs. Les gens ne sortent plus, ou alors en coup de vent, le matin, avant la reprise des combats. Depuis le 1er janvier 2012, nous demandons à notre femme de ménage et à notre cuisinière de ne plus venir travailler, et de se cantonner chez elles, dans la banlieue est. Il est impensable de leur faire courir des risques inutiles. Plus un transport digne de ce nom ne subsiste en ville, et l'on raconte que des femmes circulant seules auraient été enlevées. Nous continuons de leur verser leur salaire pour les soutenir dans ces moments difficiles. Nous l'ignorons encore, mais cette situation perdurera jusqu'en juillet 2014.

Notre vie sociale se restreint au voisinage immédiat. De temps à autre, une sainte femme du nom de Sara, qui vit à deux pas du couvent, nous rend visite à l'improviste, chargée de victuailles. En un tour de main, elle concocte un délicieux festin que nous savourons ensemble. Cette veuve aimante, pilier infatigable de la paroisse, est devenue comme une mère de substitution pour nous. Les épreuves ont creusé son visage jovial, mais jamais elle ne se plaint. Sara est toute dévouée à son fils, atteint d'une déficience mentale, et à ses petits-enfants qu'elle héberge, sa fille aînée ayant signé pour un emploi dans le Golfe, afin de subvenir aux besoins de sa famille.

Membre de notre comité de solidarité, Sara connaît chaque habitant du quartier. Nom, adresse et besoins spécifiques ; rien ne lui échappe. Grâce à elle, nous avons pu tisser un solide réseau d'entraide avant la guerre. Je me souviens l'avoir accompagnée en voiture dans des quartiers de Homs qui m'étaient inconnus, et jusque dans les villages avoisinants. Sara ressemble à toutes les Marie citées dans l'Évangile. Elle prête attention aux autres, surtout aux jésuites ! Une amitié très forte la lie en particulier au père Frans et aux autres pères de la communauté. Aujourd'hui encore, rares sont les jours où elle ne nous rend pas visite. Si elle ne toque pas à la porte, c'est qu'elle est malade ou en voyage. Elle incarne magnifiquement ce don de soi qui n'attend rien en retour. J'ai tant appris en côtoyant cette femme aussi ferme qu'affable, dont le cœur est plein d'amour pour les pauvres et les plus vulnérables.

Même si notre communauté paroissiale a commencé à se déliter, les assemblées du dimanche devenant toujours plus clairsemées, Sara nous reste fidèle. Rien n'entame sa prévenance, son désir de relation, ni les balles qui pleuvent au-dessus de nos têtes, ni les mouvements de panique. Nous avons de la chance de pouvoir compter sur elle. Et elle sur nous.

En cette nuit de Noël, la maison est déserte. Faute de messe de minuit, Frans et moi acceptons l'invitation d'un voisin, dont l'appartement se trouve à 400 mètres de chez nous. Nous sommes attendus à 20 heures. Je propose à Bassel de nous y accompagner car quelque chose me dit qu'il faut garder un œil sur lui et ne pas le laisser seul. Ce dernier décline mon offre, prétextant son envie de se reposer avant d'aller trouver quelques amis. Sur le moment, l'alibi ne m'inspire aucun soupçon. Après tout, s'il veut sortir… Une énième fois, je préconise la plus grande prudence : « Après minuit, nous verrouillons la porte principale. Les coupures d'électricité sont fréquentes, et ce n'est pas sûr que l'on t'entende sonner. S'il est tard, reste chez tes amis jusqu'au matin. » Bassel acquiesce. Et disparaît.

Nous voilà, Frans et moi, emmitouflés, prêts à nous fondre dans l'obscurité, sur la pointe des pieds. Quatre cents mètres, c'est peu et c'est beaucoup. Surtout à Homs. La nuit comme le jour, la sortie la plus anodine est un jeu dangereux avec la mort. Un jeu qui nous rattrape une nouvelle fois ce soir-là. À peine avons-nous entrebâillé la porte qu'un premier tir claque dans l'air. C'est passé tout près. Dès que nous avançons d'un pas, *Blam* ! Une nouvelle balle fuse dans notre direction. Pas question de passer. Nous sommes pris en ligne de mire. Frans et moi rions de cette situation incongrue et tristement routinière : deux prêtres, jouant à cache-cache avec de lointains snipers, à l'heure où le reste de l'humanité se prépare à accueillir l'enfant de la crèche...

Un Noël à huis clos, sans le moindre cantique, avec pour seul festin deux assiettes de restes froids, picorés dans la cuisine. Et dire qu'à cette heure-là, avant la guerre, nous célébrions la naissance du Christ au milieu d'une assemblée fervente ! L'an dernier encore, notre église débordait de fidèles. Après la messe du soir, nous leur avions servi un verre de côtes-d'oronte mis en bouteille dans notre domaine Al-Ared, tandis que l'un de nos paroissiens, M. Atheith, assurait une distribution de chocolats, selon son habitude. Cela semble si loin. Les visages, la joie d'être ensemble... Tout nous manque cruellement.

Et Bassel, que mijote-t-il pendant ce temps ? Redoutant le pire, je tarde à trouver le sommeil. Vingt-trois heures, minuit, 1 heure,

3 heures… Les paupières lourdes, je finis par abdiquer. Pourvu qu'il nous revienne sain et sauf. Le lendemain matin, quel soulagement de retrouver notre jeune photographe à la table du petit déjeuner ! « Tout s'est bien passé chez mes amis, Ziad, pardonne-moi de t'avoir causé de l'inquiétude. » Son récit sonne faux, et si sympathique soit-il, je doute de plus en plus de sa sincérité. Après un bref échange en aparté avec Frans, je décide d'emmener Bassel avec moi au centre Saint-Sauveur, où je suis attendu pour célébrer la messe de Noël. La veillée d'hier soir a été annulée pour des motifs évidents de sécurité, mais pas question de déroger à la célébration de 10 heures. Surtout aujourd'hui. À bord de notre vieille Volkswagen, nous parvenons à bon port, au prix de savantes circonvolutions. Étrangeté de la guerre : le quartier d'Al-Nouzha, ce jour-là, baigne dans un calme irréel. C'est comme si nous avions changé de monde. « M'autorises-tu à prendre quelques photos pendant la célébration ? » m'interroge Bassel, tandis que je me change avant la messe. « OK, mais assure-toi que les paroissiens n'y voient pas d'inconvénient. » Pendant la messe, Bassel slalome entre les travées, glane des dizaines de clichés. Et, subrepticement, notre reporter s'immisce dans la procession de communion. « À quoi joue-t-il ? » me dis-je, en fronçant les sourcils. Bassel est musulman. C'est du moins ce que l'on m'a rapporté. Mais quand vient son tour, il se signe avec recueillement et relève le menton, pour recevoir l'hostie consacrée.

Je lui fais part de ma surprise : « J'ignorais que tu étais chrétien ! » Cela le fait sourire : « Eh oui ! Pieuse comme elle est, ma mère m'a inculqué de solides bases, et c'est important pour moi… » Sur le chemin du retour, nous nous arrêtons dans une échoppe pour acheter un poulet grillé. Bassel insiste pour régler la note. Au cours du repas, la glace se brise : Bassel commence à me raconter les vraies motivations de sa présence ici. « La nuit dernière, vois-tu, je n'étais pas vraiment chez des amis… » Il semble soulagé par cet aveu. « Je suis allé prendre des photos… » C'est ce que je redoutais depuis le début. « Et où te trouvais-tu ? » dis-je en retenant mon souffle. « À Baba Amr… »

Baba Amr : l'épicentre des combats, le lieu le plus dangereux de la ville. Situé dans le sud-ouest de Homs, ce quartier à majorité sunnite s'est littéralement vidé de sa population, théâtre d'une guérilla acharnée entre les brigades Al-Farouq et l'armée gouvernementale. Baba Amr a connu une fin tragique, pilonnée jour et nuit par l'artillerie. Comment oublier les salves d'armes lourdes, suivies d'épouvantables déflagrations. Chaque détonation nous faisait trembler, si terriblement proche. Nous nous terrions sous nos draps, tétanisés par la peur, incapables de trouver le sommeil. Nous avons connu l'enfer.

« Je voulais juste voir ce qui se passe là-bas », relativise Bassel, désarçonné par ma mine réprobatrice. Tout est clair à présent : Bassel est venu couvrir la situation sur le terrain, les médias internationaux n'ayant quasiment plus accès au territoire syrien. Au cœur de la révolte, il a fait de sa caméra une arme redoutable. À la différence de nombreux activistes, Bassel a l'avantage d'être un vrai professionnel de l'image. Frans et moi, qui veillons depuis le début du conflit à rester vigilants, au service de tous, libres de toute option partisane, ne pouvons risquer d'héberger un militant, de quelque camp que ce soit. « Tu devrais quitter notre résidence, lui dis-je, ça n'en vaut pas la peine. Tu vas finir par mettre ta vie en danger, et la nôtre avec. » J'en avise aussitôt Frans, qui partage ma prudence et mon mécontentement. Nous conseillons à Bassel de s'installer chez des amis ou mieux, de regagner Damas et de rester auprès de ses parents et de son frère. « Le combat est plus dur que tu ne le penses, lui expose Frans avec sagesse. Ce n'est pas toi, avec ton appareil photo, avec ton rêve, qui va le résoudre, ce conflit. »

Bassel nous quitte deux jours plus tard. Un ami de confiance, en partance pour Damas, accepte de le prendre sous son aile pour sortir de la ville. J'éprouve de l'affection pour Bassel, et cette situation me contrarie : « Promets-moi de retourner aux États-Unis et d'aller au bout de ton master. Tu es un garçon brillant, humble, altruiste, respectueux… Ta vie est une promesse. » Bassel me sourit. « Compte sur moi, Ziad, et merci pour tout. »

* *
*

Au fil des mois, je reçois de ses nouvelles par mail, et en avril, il me téléphone pour me proposer de prendre un café à Damas, où je fais escale après un voyage. Il me parle de la révolution, de ses rêves de changement… Une nouvelle fois, je tente de pondérer son ardeur, de le ramener à la raison. Au fil de la discussion, je comprends que Bassel est en première ligne dans les manifestations qui agitent Damas ces temps-ci. « Je filme pour que les gens sachent. Il est temps de changer de système… » Un têtu, ce Bassel. Rentrer à New York ? Il n'y songe même plus, et je perds mon temps à chercher à l'en convaincre.

Un mois plus tard, je reviens de Damas, l'auto chargée de vivres et de fournitures pour les déplacés que nous accueillons dans notre couvent, lorsque j'aperçois, de dos, une silhouette familière. Cette tignasse ébouriffée, ces reflets roux, je les reconnaîtrais entre mille. Ce bougre de Bassel est de retour à Homs ! Cette fois-ci, il tourne un documentaire sur un groupe d'activistes. Des hommes et des femmes originaires de Damas et du sud du pays, si j'en juge par leur accent. Je ralentis à hauteur de l'attroupement : sur un grand mur, ils viennent de peindre une mère et son enfant, assortis d'un slogan évocateur : « Nous revenons. » Je suis alors loin de me douter que ce graffiti deviendra un véritable emblème de la révolte, diffusé dans le monde entier grâce aux réseaux sociaux, reproduit dans les journaux, sur des affiches de théâtre, de cinéma… C'est le premier dessin contestataire répertorié dans la vieille ville de Homs. Bien d'autres suivront, témoins silencieux de la guerre. J'apostrophe Bassel et lui propose de venir boire un thé chez nous. Une fois encore, je le mets en garde. La vieille ville est devenue très dangereuse, plus encore qu'en 2011. Les soldats savent pertinemment qui entre et qui sort du périmètre. Sans permission, il est interdit de circuler. Sous peu, sa présence sera éventée. Bassel me sourit poliment, comme à chaque fois que je le sermonne, et me promet de venir me saluer sitôt son tournage achevé.

Il est midi quand nous rentrons ce jour-là. Une voiture en double file bloque l'entrée de notre résidence. À son bord, deux jeunes gens, un homme et une femme disent attendre des amis qui se trouvent chez nous. Je les prie d'avancer de quelques mètres pour pouvoir passer. L'homme me suit. Une fois dans la cour, je m'aperçois qu'il porte une arme. « Tu n'as pas le droit d'entrer avec ton fusil. Soit tu le déposes, soit tu attends ici. Compris ? » Il préfère s'en tenir à la seconde option. À l'intérieur, j'ai la surprise de découvrir Frans entouré d'un garçon et de deux jeunes femmes munis d'une caméra et d'un microphone. Ce sont sans doute les amis dont m'ont parlé les mystérieux visiteurs. Décidément, c'est la journée de tous les tournages… L'équipe filme nos locaux, interroge les réfugiés qui vivent avec nous. Je devine à leur façon de parler que ce sont eux aussi des activistes du sud de la Syrie. Leur démarche, me disent-ils, vise à rendre compte de la convivialité interreligieuse dans la vieille ville, en particulier dans notre résidence où coexistent des déplacés chrétiens et musulmans. Je demande à visionner le film. Mais à peine leur ai-je tourné le dos pour m'entretenir en aparté avec Frans que tous trois ont filé en douce. « Tu devrais éviter d'accorder des interviews à des inconnus ! dis-je à Frans, passablement agacé. En tant que chrétiens, et de surcroît jésuites, nous risquons d'être instrumentalisés à tout instant. Ces personnes peuvent nous faire dire n'importe quoi. On ne maîtrise pas le montage final. Cela peut mettre notre vie et nos œuvres en péril. » Frans est embarrassé. « Tu as raison… Retrouve-les, il faut que nous effacions la séquence. » Mon ami ne regarde plus la télévision depuis des mois, se connecte peu sur le Web ; il n'a pas mesuré la portée de cette interview…

Tandis que je me lance aux trousses de l'équipe de tournage, avec un jeune de la paroisse, je tombe nez à nez avec Bassel. « Il faut que tu nous aides à retrouver ces jeunes filles. On doit à tout prix effacer la bande. » Quelques minutes plus tard, Bassel réapparaît, une caméra dans les mains, brandie comme un trophée.

« Regarde, Ziad, toutes les images sont là ! » J'inspecte l'écran, et j'efface, une à une, les séquences qui nous concernent. « Et si elles avaient eu le temps de tout copier sur un disque dur ? » lui dis-je, inquiet. « Non, impossible ! » me rétorque-t-il. Je crains que nous ayons été floués tous les deux. Cela ne manque pas. Quelques semaines après, une chaîne de télévision du Golfe diffuse un reportage sur le siège de Homs. Nous y découvrons avec stupeur les images de notre couvent, du père Frans et des réfugiés. Des images falsifiées, détournées… Le coup est très dur.

Échaudé par cette déconvenue, je conjure Bassel de rentrer, une fois pour toutes, chez ses parents. Et d'y rester. Il me promet, comme à son habitude, d'y réfléchir. L'un de nos amis peut le reconduire à Damas en voiture. Il suffit de fixer une date. « Ne t'en fais pas, je vais partir », jure Bassel. C'est notre dernière entrevue.

* *
*

La mort n'est pas un jeu

28 mai 2012. Le téléphone me hèle. Il est 23 heures. C'est un ami de Damas. En larmes. « Bassel… Bassel est mort », bredouille-t-il d'une voix blanche. Mon sang se fige. Le jeune reporter évoluait dans les ruelles d'Al-Safsafeh, caméra au poing, avec d'autres activistes, quand l'explosion d'un obus a décimé le groupe. Des amis, joints en urgence dans la vieille ville, me confirment la nouvelle : « On a entendu des bombes. Il y a eu des morts. Bassel était avec eux. »

Impossible de m'y rendre ce soir : j'ai dû regagner en hâte le centre Saint-Sauveur, happé par une urgence. Affairé avec les sœurs, je n'ai pas vu l'heure tourner et j'ai dû me résoudre à dormir sur place, sans pouvoir rejoindre notre couvent de Boustan-Diwân. Nous échangeons quelques mots avec Frans, abasourdis. « Demain, nous enterrerons Bassel à la première heure », me dit-il à l'autre bout du fil.

Il me faut organiser ces funérailles malgré tout. Je passe ma soirée au téléphone. La famille de Bassel tient à ce que l'inhumation ait lieu à Damas, où réside sa famille. La responsable locale de la

Croix-Rouge suggère de négocier plutôt avec les forces gouvernementales l'exfiltration du corps de Bassel : célébrer des funérailles au milieu des combats lui paraît irréaliste. Après une heure de conciliabule avec les chefs de la police, nous touchons du doigt un accord. Mais sa famille, entre-temps, s'est ravisée : elle souhaite voir leur fils enseveli dans la vieille ville. Tout se complique… mais je leur promets de tout mettre en œuvre pour faire respecter leur volonté.

À ma connaissance, le cimetière grec-orthodoxe est le seul qui soit encore accessible. Je me tourne vers un prêtre catholique, un homme valeureux et sage, bien connu pour ses qualités de médiateur : « Retrouvons-nous à 8 heures à l'entrée de la vieille ville, lui dis-je. Nous entrerons ensemble. Et si Frans tarde trop, nous célébrerons sans lui les funérailles de Bassel. »

S'ensuit une nuit d'apocalypse. La vieille ville tremble sous les bombes. Les armes rugissent sans trêve.

Sitôt réveillé, je m'éclipse du centre Saint-Sauveur sans aviser mon compagnon de route, qui dort encore. Nous sommes supposés toujours circuler en binôme, mais les risques, ce matin, me semblent trop importants. À quoi bon mourir à deux ? Je saute dans la Skoda blanche de la communauté. C'est la première fois que j'ose circuler seul en voiture au milieu des combats. Perdu dans mes pensées, j'entre dans la vieille ville en oubliant le rendez-vous de 8 heures avec l'autre prêtre. Et comme je suis venu en avance d'une heure, le pauvre homme doit se dépêtrer sans moi, avec les rebelles qui tiennent le barrage à l'entrée de la vieille ville. L'usage veut de ne jamais s'y présenter seul. Question de sécurité. Lorsqu'il me retrouve après ce moment désagréable, mon confrère m'admoneste vertement, furieux de ma légèreté. « Comment as-tu pu m'oublier, j'aurais pu me faire tuer ! » Dieu merci, il est indemne. Frans, lui aussi, est là.

Le trio est réuni. Devant le cimetière, plusieurs personnes sont venues rendre un dernier hommage à Bassel. Il ne manque que sa dépouille : nous apprenons que les rebelles l'ont transférée à la mosquée Khalid ibn al-Walid , dans le nord de Homs, où une cérémonie musulmane a déjà eu lieu. Un ami de Bassel s'y rend en voiture, prenant soin de dissimuler sa plaque d'immatriculation. On lui remet le corps : nous allons pouvoir commencer. Épaulés par deux personnes, nous pénétrons dans le cimetière, en contrebas, en tâchant de ne pas trébucher dans les escaliers qui mènent aux allées. En guise d'autel, nous dégotons une vieille table abandonnée sous les branches d'un mûrier. Je nettoie sommairement les taches de fruit qui la maculent. Puis, Frans assigne un rôle à chacun. En tant que melkite, je suis chargé de célébrer la liturgie mortuaire selon le rite byzantin, par égard pour les racines familiales de Bassel. Notre ami prêtre, lui, proclamera l'Évangile. Et c'est Frans qui prononcera l'oraison funèbre.

Nous n'avons encore pas entonné la moindre antienne qu'une déflagration, toute proche, nous interrompt. La trêve est finie. Nous sommes pris entre deux feux. Les balles pleuvent, on pilonne le cimetière. *In extremis*, nous parvenons à nous mettre à couvert. Des tirs de sniper nous dissuadent de bouger. Et soudain, le cercueil tombe à la renverse, soufflé par une explosion. Le couvercle s'entrouvre : le corps de Bassel se redresse brusquement, le visage en pleine lumière. Vision tragique. « Mon

Dieu, Lazare est ressorti du tombeau ! », s'exclame Frans. Recroquevillés chacun dans un coin, engoncés dans nos habits de prêtres, nous restons cachés là pendant près d'une heure. Au milieu des détonations, seule la voix de Frans nous raccroche à la vie. « Nous venions enterrer un ami, et c'est peut-être nous qui allons le rejoindre au fond de son tombeau. » Et il se met à pouffer de rire, débordé par l'absurdité de la scène. « Prions pour préparer nos âmes : *Notre Père, qui êtes aux cieux…* » Puis nous marmonnons un *Je vous salue Marie*. Les tirs se resserrent autour de notre cache. Entre deux impacts, je sens mon téléphone vibrer dans ma poche. Je décroche. C'est une amie, actuellement en Algérie, qui vient aux nouvelles. Elle assiste en direct à notre débâcle. Le choc des explosions, le sifflement des balles… Elle éclate en sanglots. Aussi incongru que cela puisse paraître, c'est moi qui m'applique à la consoler. Le décalage de la situation nous vaut un fou rire nerveux. « Fuyez, par pitié, la mort n'est pas un jeu ! » m'enjoint-elle…

Abandonner le corps de Bassel pour tenter une échappée est en effet notre seule chance. Nous nous extirpons de notre trou, et détalons entre les rangées de tombes, en relevant nos chasubles pour ne pas trébucher, avant de nous engouffrer dans un sous-sol où nous patientons encore une demi-heure. Un pick-up passe par là : ce sont des amis, sautons à bord. Le père Frans, qui connaît le secteur comme sa poche, ouvre la voie à bicyclette. Sur le chemin du retour, nous croisons des voitures chargées de blessés, de cadavres. On entend des cris, des pleurs d'enfants. Les râles de ceux qui agonisent. Nous apprendrons que pas moins de cinquante bombes ont explosé ce jour-là.

Enfin, nous sommes de retour dans notre résidence. Une fois encore, la mort n'a pas voulu de nous. Jusqu'à quand ce jeu durera-t-il pour nous ? Et quand pourrons-nous retourner donner au corps du jeune Bassel la sépulture pour le repos de son âme ? Faut-il qu'Antigone soit chassée par des snipers ?

Les regrets attendront. Nous devons nous mettre à l'abri au centre Saint-Sauveur.

Ayant passé des vêtements propres, je m'élance alors, seul, vers Damas, au volant de ma fidèle Skoda blanche, pour retrouver la famille de Bassel. Un trajet pénible, hanté par le visage du disparu. Le sentiment amer d'une jeunesse fauchée en vain ne me quitte pas. C'est la deuxième fois, depuis le début de la guerre, que j'effectue seul un si long voyage.

Qassa, un quartier chrétien de Damas. J'y retrouve les proches de Bassel, pour leur remettre ses effets personnels. Nous prions un long moment ensemble. La famille de Bassel n'a pu accéder au cimetière, à cause de la violence des combats. Ils ne savent donc rien de ce qui est arrivé. Après mûre réflexion, je décide de taire cela. À quoi bon creuser une peine déjà immense ?

Chez nos compagnons de Damas qui m'accueillent ce jour-là, je m'écroule de fatigue et de tristesse. Mais déjà, il est temps de reprendre la route. Je suis attendu à Alep, où je dois animer un module de formation éducative pour les membres du Service jésuite des réfugiés (JRS). Quelques heures d'autocar. Un peu de répit. Cela me fera le plus grand bien. C'est du moins ce que je pense…

Un crissement de pneus. Le Pullman se cabre. Des bandits armés montent à bord. Certains passagers se jettent face contre terre. Les assaillants traquent des soldats de l'armée gouvernementale. On inspecte nos cartes d'identité. « Ma fin est arrivée », me dis-je, terrorisé. « Et toi, tu vas où ? » me lance un grand type patibulaire. Par chance, je ne porte pas de col romain. « Je me rends à Alep pour une formation avec des enseignants… » Les hommes, bredouilles, se retirent.

Au retour, je m'abstiens d'emprunter la même ligne de bus pour regagner Damas. Des rumeurs font état d'enlèvements sur la route. Prudemment, j'opte pour un vol d'Alep à Beyrouth, capitale libanaise voisine, où je passe deux jours avant de rallier Homs en voiture.

* *
*

Mai 2014 : le cimetière est presque entièrement dévasté. Quand un membre de la famille de Bassel se manifeste pour rapatrier son corps, la tâche s'annonce ardue.

Deux ans plus tôt, après nos vaines péripéties, deux jeunes de la paroisse avaient finalement réussi à inhumer l'infortuné. Alors en voyage à l'étranger, j'avais moi-même guidé les opérations à distance. « N'oubliez pas d'apposer une marque distinctive sur le cercueil ! » leur avais-je suggéré, au bout du fil. En l'absence de stèle, cette précaution était indispensable pour espérer retrouver un jour la dépouille de Bassel. Nous savons qu'il repose dans un cercueil blanc dont l'un des coins présente une entaille. Je me souviens approximativement de l'endroit où nos deux apprentis fossoyeurs l'ont déposé.

Mais voilà : le cimetière est méconnaissable, défiguré par deux ans de combats sans répit. Les deux jeunes, eux, ont quitté Homs depuis longtemps. Je parviens à joindre l'un d'eux, pour orienter nos recherches. Il avait eu la présence d'esprit de prendre des photos de l'inhumation avec son smartphone. Grâce à ces précieux clichés, nous retrouvons le cercueil de Bassel près d'un cratère d'obus, au milieu des gravats. L'encoche, en haut à droite, dissipe toute hésitation : il s'agit bien de lui. Quelques jours plus tard, j'apprends que des amis de Bassel sont venus très discrètement exhumer son corps. Ils l'ont emporté vers un lieu inconnu. Proche, peut-être, des gens qui l'aimaient. Adieu Bassel…

* *
*

« Cette fois-ci, nous partons... »

À la fin du mois de janvier 2012, notre provincial nous rend visite, malgré tous les dangers d'un tel voyage. Il arrive un matin du Liban, *via* la route de Damas. Nous l'accueillons dans notre domaine Al-Ared, au sud de Homs. Ici aussi, les visites se font rares, en raison des combats qui secouent Qousseir, la ville voisine. Peu d'amis sont prêts à risquer leur vie en venant partager la nôtre, même pour quelques jours. Notre supérieur fait preuve de bravoure. Nous choisissons de le recevoir à l'écart : plonger tête baissée dans la réalité brutale d'une ville assiégée requiert un minimum de précautions. C'est donc nous qui venons à sa rencontre.

À l'issue du déjeuner, nous prenons la route pour Homs. Frans conduit. Il évite soigneusement les zones de friction, en choisissant un itinéraire aussi sûr que possible. La guerre, parfois, sait se faire oublier.

À peine le temps de poser ma veste : mon téléphone vibre avec insistance dans ma poche. Il est 15 heures. À l'autre bout de la ville, les sœurs du centre Saint-Sauveur ont reçu la visite inopinée de plusieurs membres de leur congrégation. À croire que tous nos responsables se sont donné rendez-vous à Homs ! « Accepterais-tu de venir célébrer la messe à nos côtés ? » me demande la supérieure, à l'autre bout du fil. Mon provincial, qui a tout juste eu le temps de défaire ses valises, ne se formalise pas. Je lui promets de rentrer vite. Me voilà donc sur le chemin d'Al-Nouzha, au volant de la Skoda. Deux autres religieuses de Boustan-Diwân m'accompagnent pour la célébration. La première, sœur Anne, n'a pas la trentaine. La seconde, sœur Nadia, est âgée d'une soixantaine d'années. Nous nous connaissons bien. Elles assistent quotidiennement à la messe dans notre église de Boustan-Diwân.

Avant la guerre, quelques minutes suffisaient à parcourir les neuf cents mètres entre notre résidence et le centre Saint-Sauveur. Ce saut de puce est devenu un parcours du combattant. L'option la plus logique consisterait à s'engager tout droit, *via* Bab-al-Sibbah et Al-Safsafeh, deux quartiers aux mains des rebelles. Efficace et rapide. Mais très aléatoire. Des combats aussi soudains qu'effroyables y éclatent à tout instant. Nous faisons donc désormais un long détour par l'ouest pour les éviter.

Mais ce jour-là, la patience me manque. Je décide de franchir en ligne droite les deux quartiers, au mépris des risques encourus. En célébrant la messe à 16 heures, j'espère être de retour avant le couvre-feu tacite qui paralyse Homs à la nuit tombée. Que voulez-vous : il y a en moi ce fond d'entêtement, d'impétuosité presque juvénile, qui m'incite parfois à agir selon mon idée. Je ne vais pas tarder à en faire les frais. En entraînant mes deux amies…

La traversée d'Al-Safsafeh se déroule sans accrocs. Mais à Bab-al-Sibbah, une première rafale de Kalachnikov fait siffler nos tympans. Puis un combattant, surgi de nulle part, s'interpose. Son lance-roquette pointé vers nous. Instinctivement, j'oblique à droite toute. Nous nous engouffrons dans une ruelle déserte. Une roquette fuse. Je hurle aux sœurs d'ouvrir les portières : « Dehors, dehors ! » La peur au ventre, nous abandonnons la voiture et fuyons à toutes jambes. La charge explosive passe à côté. Un habitant du quartier, témoin de la scène, nous ouvre sa porte : « Entrez vous mettre à l'abri », crie-t-il en nous faisant signe. Personne ne nous a suivis. Cet homme vient de nous sauver la vie, au risque de compromettre celle de ses proches. Je n'oublierai jamais son visage ; celui d'une hospitalité inconditionnelle, une lueur au cœur de l'enfer. « Restez le temps que ça se calme dehors », insiste-t-il, sur le même ton austère et réservé.

Soudain, son regard s'éclaire : « Je vous reconnais, vous êtes l'un des jésuites de Homs. » Peintre en bâtiment, ce fervent sunnite m'apprend avoir travaillé pour le père Michael Brenninkmeyer, fondateur du centre Saint-Sauveur, où justement nous nous rendions. D'un seul coup, l'âme conviviale qui animait Homs avant la guerre revit. Tout n'est pas perdu, me dis-je… encore incrédule d'avoir pu réchapper de ces explosifs.

Dans cette famille musulmane soucieuse des traditions, il n'est pas permis aux femmes et aux hommes de rester dans la même pièce. Surtout en présence d'étrangers. Les deux religieuses suivent les femmes et les enfants à l'écart, tandis que je m'attable avec notre hôte, prénommé Abu Ahmad, son frère et son père. Autour d'une tasse de thé, nous évoquons la guerre, toujours elle. Unis dans la douleur.

Un garçonnet me tire par la manche : « Une des sœurs veut te parler. » Il s'agit de Nadia. Je m'entretiens, en aparté, avec elle. Nadia tremble d'angoisse. « J'ai un mauvais pressentiment », me glisse-t-elle en français, craignant d'éveiller les soupçons de nos hôtes si elle s'exprime en arabe. Nadia ressasse les rumeurs qui courent au sujet des sunnites de ce quartier. Et si ces personnes s'en prenaient à nous ? À l'écouter, notre identité chrétienne nous expose à la vindicte d'une population fanatisée. Je tente de lui faire entendre raison, arguant de la bienveillance manifeste d'Abu Ahmad, mais rien n'y fait. Dehors, la ville s'enfonce dans la nuit et dans la peur. Plusieurs déflagrations ébranlent les fondations de l'immeuble qui nous abrite. La réserve de mazout ayant brûlé lors d'un précédent bombardement — en Syrie on la stocke toujours sur le toit des habitations — le froid s'infiltre dans l'appartement. « Nous devons partir », m'implore Nadia, au bord des larmes. « Calme-toi, je t'en prie, laisse-moi du temps pour trouver une solution de repli. »

Après avoir activé mon réseau de connaissances, j'entre en contact avec un chrétien qui a fui le quartier il y a plusieurs semaines : « Allez vous installer chez nous, la voisine possède un double des clés », me propose-t-il, tout en me chargeant de lui rapporter quelques effets personnels qu'il a abandonnés en fuyant.

Sans nous étendre sur les motifs de notre départ, nous prenons congé d'Abu Ahmad, en le remerciant pour son accueil. Je regrette de le laisser de façon aussi abrupte, mais sœur Nadia n'aurait pas supporté que nous restions.

Sortir. Et s'exposer, une fois encore, au souffle des explosions, aux échanges de tirs, à la morsure de l'hiver. Vous devriez nous voir, à chercher notre chemin sous les balles : il y a quelque chose de burlesque et de tragique dans cette déroute. L'une des sœurs se protège la tête avec un cahier, comme on le ferait sous une averse passagère. Cela confine à l'absurde. Quelques feuilles de papier ne suffiront pas à détourner les pluies d'acier qui nous attendent. Une vingtaine de mètres sépare les deux immeubles. Nous tambourinons à la porte de la voisine dont nous a parlé notre ami. « Laissez-nous entrer ! » En vain. Les réticences de cette femme sont compréhensibles. Chacun se terre en attendant une accalmie. Notre présence inspire de la méfiance. Mais devant notre désarroi, elle finit par nous écouter. Elle nous conduit au deuxième étage du bâtiment, où se trouve l'appartement déserté.

Nous en profitons pour rassurer d'un coup de fil nos communautés respectives, qui se font un sang d'encre, sans nouvelles de nous depuis des heures. Mon provincial me réprimande : « Comment as-tu pu prendre un tel risque, surtout avec deux religieuses ! » Je lui réponds, légèrement penaud, que j'ai voulu gagner du temps. Et sans transition, je lui demande s'il peut m'enregistrer *Le Garçon aux chaussettes jaunes*, un court-métrage palestinien que j'ai déjà vu en novembre, et qu'Arte doit rediffuser à minuit. Il n'en croit pas ses oreilles. « Mais comment peux-tu penser à de telles choses dans cette situation ? »

La supérieure des sœurs n'est guère plus clémente à mon égard : « Qu'est-ce qui vous a pris d'emprunter une route aussi dangereuse ? Personne ne s'y risque... » J'encaisse leurs remontrances.

Ils ont raison. Moi, je ne réalise pas encore. La seule idée qui me tient debout, à cet instant, c'est de nous sortir de ce guêpier.

Nous puisons un peu de réconfort auprès des occupants de l'immeuble, qui se relaient avec bienveillance sur le seuil de l'appartement. Des femmes et des enfants, pour l'essentiel, les pères n'ayant pu rentrer du travail à cause des combats. Plusieurs familles chrétiennes habitent ici. À leur demande, nous nous confions à la Vierge Marie, en priant le chapelet et en entonnant quelques chants. Dans cette nuit de veille et d'angoisse, notre murmure s'élève au-dessus des ruines, contrepoint fragile à la fureur des hommes.

Au même moment, j'apprends qu'un paroissien, avisé de notre mésaventure, tente de négocier une trêve avec les belligérants pour permettre notre passage vers Al-Nouzha. Mais c'est peine perdue. Nous décidons de dormir sur place.

Avec ce froid, impossible de trouver le sommeil. Faute de mazout, le bâtiment n'est plus chauffé. Même l'électricité est coupée. Nous nous installons dans trois fauteuils, blottis sous d'épaisses couvertures. Les minutes sont longues, nos chances de survie incertaines. Nous échangeons quelques bribes de conversation, comme des automates fatigués. Et toujours le vacarme des tirs, des explosions. Que restera-t-il de notre Skoda ? Après tout, quelle importance…

Huit heures, le lendemain. Les combats ont cessé. Tremblants, nous descendons prudemment jusqu'à la rue. Miracle ! Notre automobile est indemne. Un rire nerveux nous échappe. Il est temps de saluer nos compagnons d'infortune, et de quitter Bab-al-Sibbah pour rejoindre le centre Saint-Sauveur.

Là-bas, des cris et des larmes nous accueillent. Beaucoup de jeunes sont là. Les religieuses aussi, en colère contre moi, mais ô combien soulagées. Je fais profil bas, en comprenant que les religieuses et les proches de notre paroisse sortent eux aussi d'une terrible nuit blanche, rongés par l'angoisse.

C'est une messe très particulière que nous célébrons tous ensemble, au petit matin.

Cette nuit-là, j'ai compris que personne ne pouvait prétendre se soustraire aux combats, à l'arbitraire de la mort. Pas même un homme de Dieu. Jamais je n'oublierai le regard de ces enfants veillant le retour d'un père, d'un grand frère. Leur innocence perdue, je la porte en moi. Jamais je n'oublierai les sursauts d'humanité dont nous avons été témoins. Je garde ces femmes courageuses et humbles dans ma prière et dans mon cœur. Tout comme Abu Ahmad, cet homme musulman qui nous a tendu la main, au risque de sévères représailles.

J'ai compris que la guerre n'est pas un jeu. La violence restera toujours la violence. Elle frappe au hasard. Mes engagements humanitaires et spirituels ne me protègent en rien.

– Et toi, que veux-tu faire ? me sonde mon provincial.
– Je n'ai d'autre choix que de rester.
– En mesures-tu les risques ?
– C'est ma mission.

De plus en plus isolés et démunis, Frans et moi devons nous résoudre à vivre séparément, pour continuer à assurer nos missions sans multiplier inutilement les va-et-vient d'un quartier à l'autre. Lui s'en tiendra à la vieille ville, tandis que je veillerai sur les œuvres du centre Saint-Sauveur.

* *
*

Homs, ceux qui t'aiment t'ont quittée…

Février 2012. Au début du mois, les rebelles coordonnent un assaut contre les barrages tenus par l'armée gouvernementale dans le centre-ville de Homs, où nous vivons. Le cauchemar dure quatre jours et quatre nuits. Ce sont les pires combats que nous ayons endurés, sans pouvoir sortir de nos maisons, sans pouvoir bouger. Le bruit des armes, incessant, manque de nous rendre fous. Avec Frans et Pierre, nous nous terrons dans notre résidence. En attendant la fin du chaos, Pierre s'efforce de nous mitonner des repas de fortune, en puisant dans nos réserves. Vivre de peu, coupés du monde extérieur, voilà notre horizon quotidien. Privés d'eau et d'électricité, dépourvus de ligne fixe et de réseau cellulaire, nous meublons nos journées en bouquinant, ou en garnissant les cartons de vivres que nous irons distribuer quand les combats auront cessé.

Les trois religieuses des Saints-Cœurs de Boustan-Diwân, qui vivent juste en face de chez nous, sont soumises au même isolement. Ces temps-ci, leur mère supérieure séjourne à Tartous, dans l'ouest du pays. Les deux sœurs restantes ont abandonné leurs chambres pour se cantonner dans le salon, paralysées par la peur.

Pour se prémunir du froid, elles ont installé un poêle à mazout, qui leur prodigue un peu de chaleur. Les sœurs m'ont confié un double de leurs clés. Chaque jour, Frans, Pierre et moi-même nous relayons auprès d'elles, pour nous assurer qu'elles sont en bonne santé, et n'ont besoin de rien. Une mission à haut risque, que nous assumons de notre mieux.

Nuit du 3 février. Personne ne dort. Une pluie de balles et de bombes s'abat sur le quartier. Le jour se lèvera-t-il demain ? Le doute m'assaille… Dans la cave, où nous sommes descendus nous mettre à l'abri, l'angoisse nous ronge les sangs. Je pense à nos amies religieuses, en priant pour qu'elles tiennent bon.

Le lendemain, vers 7 heures, les tirs cessent enfin. « Allah Akbar ! Allah Akbar ! » hurle-t-on dans la rue. Je comprends que les rebelles se sont emparés des barrages alentours, et qu'ils ont fait main basse sur l'arsenal des soldats. Passant une tête prudente au-dehors, j'aperçois nos deux sœurs en larmes, le visage effaré. Tout autour, ce ne sont que décombres, chars et voitures calcinées, bâtiments et boutiques en cendres, guenilles tachées de sang… Il y a des cadavres partout. Les corps des vaincus ont été mutilés. Un tableau effroyable. Passent ici et là des voisins apeurés, une valise sous le bras, un enfant dans l'autre, résolus à fuir pour de bon le quartier. Pour beaucoup, ce fut la nuit d'angoisse de trop. La mort n'est pas un jeu… Il faut que les deux sœurs partent au plus vite elles aussi.

Avec le père Frans et notre compagnon, nous nous assurons qu'elles puissent quitter le quartier par un chemin sûr. Leur supérieure les envoie rejoindre les autres religieuses de la communauté — celles qui étaient à Saint-Sauveur — dans l'ouest du pays, et au Liban. La sécurité avant tout. De notre côté, nous prêtons main-forte aux familles pour charger, en hâte, les voitures. Vision bouleversante de ces enfants blottis sur la banquette d'un break, où s'amoncellent valises et sacs. Cette scène d'exode en rappelle bien sûr tant d'autres, à travers le monde. Mais comment s'y habituer ?

Sur chaque visage se lit l'horreur de la nuit passée. Partout, la même peur. Nous sommes atterrés et silencieux. Le déferlement de haine a été inouï. Je ne peux m'empêcher de penser que le seul vainqueur, ce matin, c'est Satan lui-même. Monte en moi une colère sourde : nous autres, Syriens, témoignons à la face du monde de notre aptitude à nous entretuer sans état d'âme. Je suis meurtri au plus profond de moi. Comment est-il possible de voir se répandre ainsi l'esprit de vengeance au sein de notre peuple ? Des Syriens massacrant d'autres Syriens : c'est le visage désolant de ce conflit. Qu'avons-nous fait de nos frères ?

* *
*

La journée du lendemain, nous la passons à consoler les familles, à inspecter les églises et les maisons sinistrées, dont les propriétaires ont fui. Nous sommes les derniers gardiens du quartier dévasté. Le 6 février, il est décidé que nous partions pour Damas, afin de mettre à l'abri tous les documents de la paroisse. Frans et moi craignons que nos archives ne soient détruites ou volées.

Au cours de la nuit, je vais chercher un jeune homme chrétien que je connais, pour lui céder ma place au couvent, auprès de Frans. Il s'appelle Paul. Son père est proche de la communauté. Paul habite à Al-Adawyia, mais il se rend quotidiennement à Al-Safsafeh avec sa sœur, pour rendre visite à sa grand-mère. Paul accepte de s'installer chez nous, avec sa sœur et sa grand-mère.

Debout aux aurores, nous chargeons notre Skoda blanche. Hélas, le moteur ne démarre pas. Pierre m'aide à débarquer les cartons. Puis nous tentons de pousser la voiture. Dehors, les rebelles occupent le terrain. « Besoin d'un coup de main ? » s'enquiert l'un d'eux. Je décline poliment. « Combien, pour cette voiture ? » Et voilà que ces combattants lorgnent sur notre pauvre Skoda ! À quoi pourrait-elle bien leur servir ? Et ce, d'autant qu'ils ont déjà raflé la plupart des véhicules encore en état de circuler dans la vieille ville. Du reste, nos efforts finissent par payer : le moteur se met à toussoter. Nous chargeons de nouveau nos monceaux de documents. Frans est inquiet, il faut accélérer le mouvement.

Le réseau cellulaire, en ce lendemain de bataille, est indisponible. Quelle route emprunter pour fuir la ville ? J'interpelle les rares habitants encore présents. L'un d'eux me suggère de passer par la citadelle de Homs, à cinq minutes de chez nous. Nous embrassons Frans : « Prie pour nous, Dieu seul sait si nous allons parvenir à bon port. » Je me faufile avec prudence, en contournant les gravats qui jonchent la route, signe de la violence des combats de la nuit. Soudain, plusieurs hommes armés jusqu'aux dents se précipitent vers nous. « Allah Akbar ! » hurlent-ils en nous encerclant. « C'en est fini ! » me lance Pierre avec effroi. J'essaye de garder la tête froide, en soupesant tous les scénarios possibles. Au mieux, ils prendront la voiture. Au pire, ils nous tueront. C'est alors que je reconnais, parmi les assaillants, le visage d'un habitant du quartier. « Omar ! » dis-je avec stupeur, en accrochant son regard. Omar est l'un des frères de Mahmoud, ce chauffeur d'autocar dont je vous ai parlé, celui avec lequel nous avions l'habitude d'organiser des voyages pour les jeunes et les familles de notre paroisse. Aujourd'hui encore, chaque fois que je me rends à pied ou à vélo de notre maison mère au centre Saint-Sauveur, il n'est pas rare que je croise l'un des membres de la famille d'Omar et de Mahmoud, qui sont des figures d'Al-Safsafeh. Omar s'avance d'un pas. Il m'a reconnu. « Ne touchez pas à cette voiture, les gars ! Tout va bien. » Puis, plus discrètement : « Et où filez-vous comme ça ? » J'explique que nous devons quitter Homs, une rumeur prétend que la ville va être bouclée pour plusieurs jours. Omar nous aide à manœuvrer pour faire demi-tour, avant de nous escorter lui-même jusqu'à la citadelle. « Je dois vous abandonner ici. C'est l'armée gouvernementale qui contrôle le prochain checkpoint. Bonne chance. »

Nouvelle épreuve. Une idée farfelue traverse la tête de Pierre, mon compagnon de route : « Dirigeons-nous vers les soldats en agitant un chiffon blanc ! Ils n'oseront pas tirer sur deux hommes désarmés, j'ai vu ça dans un film. » Un drap blanc ? Il se trouve que nous en avons un dans l'habitacle. Et nous voilà, flanqués de notre drapeau de fortune, avançant lentement vers les soldats dont les fusils sont braqués sur nous. À plusieurs reprises, je me signe frénétiquement. Ce que nous tentons est très risqué. L'un des soldats en faction s'approche et nous fait signe de nous arrêter tout net. « Qui êtes-vous ? Sortez de là, les mains en l'air. »

Un officier le rejoint bientôt, stupéfait par notre audace. Je lui fais part de notre souhait d'aller à Damas. Avec son talkie-walkie, le militaire signale à ses hommes postés aux carrefours suivants qu'une voiture drapée de blanc circule en ville, et qu'il ne faut pas tirer sur ses passagers. Il m'apprend que nous sommes les seuls civils à nous risquer dans les rues, la ville étant bouclée. Et c'est ainsi que nous reprenons notre route, sommés de réitérer les mêmes explications tous les cent mètres, à chaque barrage. Dernier contrôle avant l'inconnu : « Au-delà, me prévient l'officier, personne n'est plus en mesure de garantir votre sécurité. Ne vous arrêtez sous aucun prétexte. Et foncez jusqu'à Damas. »

C'est mal me connaître : il se trouve que je dois éclaircir une situation confuse concernant Al-Ared. Nous avons appris hier que des hommes se sont introduits en pleine nuit dans notre domaine. Après avoir molesté et ligoté nos deux gardiens, les intrus ont dérobé une moto, ainsi qu'un tracteur et du matériel agricole. Fort heureusement, aucune victime n'est à déplorer. Je charge Pierre de rester sur place, comme Frans l'a souhaité, et de veiller sur le centre, en attendant que la sécurité soit rétablie.

Et je poursuis, seul, ma route vers Damas. L'autoroute est déserte. À mi-chemin, je réalise que le réservoir est presque à sec. Je dois m'arrêter mais les stations sont toutes fermées. Toutes, ou presque : de loin, j'entrevois un homme, près d'une pompe à essence. Je m'approche ; l'homme se cache. « N'ayez pas peur, je ne vous veux aucun mal ! J'ai juste besoin de carburant pour aller à Damas. » Rassuré, il me fournit, au compte-goutte, de quoi finir ma route. Quelques kilomètres plus loin, pour la première fois depuis plusieurs jours, mon portable se met à vibrer. Enfin je capte ! C'est un père de la communauté de Damas. Il s'inquiétait. Puis notre provincial en personne me suggère de rejoindre Beyrouth, une fois que je serai à Damas, pour y prendre quelques jours de repos. Ce que je décline.

* *
*

Damas, me voici... Que la vie est belle, ici. Les voitures circulent presque normalement, des badauds se promènent, la guerre semble lointaine. À l'approche de la Saint-Valentin, les vitrines regorgent de cadeaux. Quel violent contraste pour celui qui vient de Homs, le regard hanté de visions terrifiantes... L'espace d'un instant, je me demande si nous appartenons au même peuple, au même pays, eux et moi.

Résidence des jésuites. Des amis sont là. Nous déchargeons la voiture. À peine débarqué, je sens mes jambes qui flageolent. Impossible de faire le moindre pas. Les larmes me submergent. Je me réfugie dans une chambre, où je dors pendant quatre heures. Un des pères me propose de l'accompagner, le lendemain, pour une visite de trois jours à Amman, en Jordanie. « Cela t'éloignera de la guerre. »

Sur le moment, j'ai la certitude que je ne reverrai jamais Homs. Mais à peine rentré d'Amman, je reprends la route. C'est peut-être une folie. Mais c'est plus fort que moi. Quelque chose me pousse à rentrer au bercail. Il est bon d'être chez soi.

* *
*

Homs en vue. Et toujours les mêmes barrages. Les mêmes sueurs froides à chaque interrogatoire. On n'entre pas facilement. Des tanks sont déployés dans les rues, et des hommes armés, dont les visages me sont inconnus, ont fait leur apparition. Est-ce encore ma ville, est-ce encore chez moi ? Certains quartiers sont défigurés. Les façades jadis pimpantes sont criblées d'impacts. Des tas d'ordures pourrissent à l'air libre. Après dix mois de conflit, le « rêve de Homs » s'est mué en un cauchemar.

À l'image de la ville elle-même, notre apostolat s'est réduit comme peau de chagrin. La plupart de nos rencontres spirituelles et de nos activités sociales ont périclité, comme nos séances de catéchèse. Surtout après le départ des religieuses…

Seule survivance des jours heureux, à Al-Nouzha, la messe dominicale, que nous tâchons de célébrer le matin. Avant la guerre, comme je l'ai expliqué au début de ce livre, un prêtre grec-catholique assumait ce service, en vertu d'un accord passé entre les jésuites et cette communauté dépourvue de lieu de culte dans le quartier. En général, nous sommes peu nombreux. Beaucoup sont partis. Et ceux qui sont restés n'ont pas le cœur à prier à l'ombre des chars postés devant l'église.

Notre-Dame de Bab-al-Sibbah, quant à elle, est devenue silencieuse. Les combats à répétition ont fini par la rendre inutilisable. Ses beaux vitraux ont été pulvérisés, le mobilier pillé… Lors de ma dernière visite, j'ai pris quelques photos, pour documenter le saccage. De cette jolie église, les balles et les obus ont presque tout détruit. Seule une statue de la Vierge Marie, dans l'entrée, est restée debout, trouée de part en part.

Les mosquées ne sont pas épargnées non plus. Rien n'a été préservé des balles et des destructions : les lignes d'électricité et de téléphone sont coupées, les conduites d'eau détruites, les réservoirs d'eau et de mazout éventrés. La vue des maisons, des rues et des magasins délaissés a quelque chose de fantomatique. Une note de mon journal, griffonnée avec fièvre, traduit le sentiment qui m'étreint : *ô Homs, ceux qui t'aiment t'ont quittée dans les larmes…*

* *
*

Il ne reste que nous

Début mars, la situation empire. Beaucoup de nos concitoyens sunnites ont abandonné leurs quartiers, dans l'est de Homs, et ont investi les « quartiers chrétiens ». La plupart des maisons étant vides, abandonnées par leurs habitants, les nouveaux arrivants n'ont eu qu'à y pénétrer et s'installer, en quête d'un toit où passer l'hiver glacial. Des femmes, des enfants, des jeunes et des vieillards de toutes classes sociales sont arrivés. Des camionnettes ont effectué des rotations entre les quartiers musulmans et chrétiens. Cet afflux a poussé certains chrétiens à rentrer, malgré la situation tendue. Ils ont découvert que leur maison n'était plus à eux, que leurs voisins avaient changé. Une situation humaine désastreuse, dans le vrai sens du terme, qui annonce un changement démographique dans nos quartiers et préfigure un conflit dont nous avions été, jusqu'alors, prémunis. À qui s'adresser, dans ce contexte, pour obtenir un jugement équitable ? Il n'y a plus ni agents de sécurité ni représentants de l'État. Les membres du clergé chrétien et les cheiks musulmans eux-mêmes ne sont plus en mesure de jouer leur rôle de médiation.

Notre résidence de Boustan-Diwân, pour l'instant, tient bon, en dépit des combats qui éclatent dans le quartier, parfois sur le pas de notre porte. Imperturbable, le père Frans n'a rien changé à ses habitudes. Depuis le début des événements en 2011, il n'a cessé de circuler d'une ville à l'autre, d'un village à l'autre, de Boustan-Diwân au centre agricole Al-Ared, sans jamais manifester la moindre peur, ne reculant ni devant le froid, ni devant les balles, ni devant les bombes. Ce mois-ci, pour la première fois, il a dû pondérer son ardeur en restant plus souvent chez nous. Que fait-il entre quatre murs ? Il prie, médite les Saintes Écritures, parfois le Coran ou d'autres textes savants. Frans s'efforce d'habiter, au sens fort du terme, notre maison et notre quartier.

Voilà comment, peu à peu, notre mission s'est resserrée autour des rares fidèles encore présents dans la vieille ville. La nuit, quand les armes se taisent, on cherche vainement des voix auxquelles se raccrocher. Mais les querelles de voisinage appartiennent au passé. Les chuchotements des enfants se sont envolés avec la guerre. On n'entend plus le rire sonore des passants. La tristesse rôde, s'imprime sur les visages et dans les cœurs. Les gens rêvent d'une trêve. Supplient Dieu de ramener la paix. Tant d'adultes ont perdu leur travail, et tant d'enfants, leur école. Face à leur détresse, Frans et moi tâchons d'être présents, avec l'appui de quelques amis et du comité de solidarité de notre paroisse. Nous fournissons à ceux qui restent des produits de première nécessité, et aidons ceux qui partent à se reloger convenablement. En tout, près d'une cinquantaine de familles ont pu être accompagnées depuis mai 2011. Je me souviens des premiers paniers alimentaires réalisés dans notre centre. Les bénévoles ont risqué leur vie pour aller les distribuer. Parfois même à vélo, il fallait les voir ! Nous avons commencé à accompagner 150 familles chrétiennes et 50 familles musulmanes, sans discrimination. Et bientôt, grâce aux dons de Caritas Syrie et de l'Œuvre d'Orient, ce sont 250 familles que nous prenons en charge, alors que le blocage de la ville interdit toute aide extérieure. Ces derniers jours, ce chiffre ne cesse de croître à mesure que la violence s'étend. À ces difficultés s'ajoutent les dissensions entre Églises, incapables de s'entendre sur la façon de redistribuer cette aide humanitaire.

Parmi les habitants, chacun a son opinion sur le conflit, en fonction de ses intérêts personnels, ou de ceux de ses proches. Chacun proclame « la nation, c'est moi », convaincu d'avoir la solution à tous nos problèmes. Les habitants d'Alep et de Damas se contentent de regarder de loin ce qui se passe chez nous, en attendant qu'émerge une solution. Ils ont peur de l'inconnu. Ils redoutent l'engrenage qui risque de plonger le pays tout entier dans un abîme encore plus profond. La situation économique est désastreuse : le prix d'un kilo de sucre est désormais indexé sur le cours du dollar américain. Ce mois-ci, un dollar équivaut à 100 livres syriennes. Cette dévaluation affole les commerçants et accroît le désespoir des Homsiotes. On ne peut pas dire que le champ politique apporte plus d'optimisme. Tant nos dirigeants syriens que leurs homologues étrangers semblent impuissants à nous sortir de l'impasse. Les perspectives de paix sont aussi lointaines que les oiseaux ayant fui le ciel pour échapper au sifflement des balles. Même les médias semblent instrumentalisés. La vérité a déserté l'image, l'écrit et la parole.

En dépit de ce contexte, nous essayons, en tant que jésuites, de servir de notre mieux la paix, de dissiper la haine des cœurs. Je ne peux me résoudre à voir ma ville disparaître sous les sacs de sable, tandis que les hommes — et parfois même les enfants — s'emparent des armes. Notre faible nombre ne peut être une excuse ni même un obstacle pour taire la voix du peuple qui aspire à la paix. L'espérance renaîtra de l'engagement de tous au service du bien commun. C'est ma conviction. Si rien ne change, le cri des habitants de Homs ne sera plus qu'un cri de désolation : « Ô mon Dieu, il ne reste que nous. »

Au cœur des flammes, nous cherchons à renverser pacifiquement le cours des événements, à travers notre présence dans ce pays, dans cette ville, dans ce quartier. Sans relâche, nous travaillons avec toutes les parties, toutes les communautés, pour le plus grand bien de l'Homme, qui est l'image de Celui à qui revient la plus grande gloire.

* *
*

Une nouvelle mission

Durant cette période terrible, de février à juin 2012, nous apprenons à nous accommoder des ambiguïtés de la guerre, pour tenter de poursuivre notre mission. Les rebelles occupent désormais tout le centre-ville. Ils ont dressé des barrages, organisé leur défense. Différentes factions se partagent les quartiers. Pour se loger, certains combattants ont investi des maisons vacantes avec leurs familles. Les réserves des magasins abandonnés assurent leur subsistance. Il faut se figurer une ville fantôme, dont la plupart des habitants et des commerçants ont tout quitté du jour au lendemain, convaincus que leur absence serait de courte durée. Ils se trompaient : beaucoup ne reviendront qu'en mai 2014, quand les rebelles évacueront la zone pour se réimplanter dans le nord de Homs. Seules demeurent, pour l'heure, quelques familles ayant refusé de fuir. Des gens trop âgés pour partager le sort des déplacés, ou n'ayant aucun lieu familier où se rendre.

Selon les statistiques (invérifiables) qui circulent, il resterait environ 3 000 âmes dans la vieille ville, incluant 120 chrétiens.

Comme je l'ai rappelé, Frans et moi avons fait le choix mûrement réfléchi de nous séparer, pour le bien de notre mission. Lui est resté dans la vieille ville, afin de garder notre résidence et d'aider les familles sur place, accompagné de Paul. La présence d'un prêtre est primordiale dans ce quartier. Pour beaucoup, Frans est devenu un protecteur. Un témoin de foi et d'humanité, au cœur d'une ville sinistrée. Frans accueille à bras ouverts ceux qui frappent à sa porte, sans distinction religieuse ou politique. Dans les couloirs de notre résidence se croisent des musulmans et des chrétiens, unis dans l'exil. De mon côté, je me suis installé fin février dans notre centre Saint-Sauveur, dont je dessers l'église attenante, à un kilomètre de là.

* *
*

De loin, notre résidence du centre-ville, où vit Frans, pourrait faire penser à une petite forteresse. Imaginez trois maisons accolées les unes aux autres, la première étant réservée aux religieux, la deuxième aux retraitants et la dernière aux hôtes. S'y ajoutent quatre grandes salles de réunion, une vaste église et une crypte aménagée dans une ancienne cave. Ce complexe est relié par cinq cours et un jardin, qui harmonisent l'ensemble. Deux grands immeubles abritant nos deux écoles jésuites complètent le site.

Nous y hébergeons autant de personnes que possible. Pas une chambre, pas une salle qui n'abrite son lot de naufragés de la guerre. Par chance, nous disposons de matelas et de couvertures en nombre suffisant, car il a toujours été dans notre vocation de recevoir des pèlerins et des retraitants. Quand le conflit a éclaté, nous avons eu le réflexe de constituer des stocks de provisions. Les conditions étaient réunies pour une mission d'ampleur au service des civils prisonniers des combats. Notre résidence s'est transformée en oasis familiale, peuplée de femmes et d'enfants, parfois d'hommes. Des chrétiens et des musulmans, qui ont tout partagé.

Depuis mon départ, il m'arrive encore de revenir dans la vieille ville en voiture, avec mon copilote Georges. C'est en flânant sur le marché de Homs, début 2012, que j'ai fait sa connaissance. Au fil de la discussion, j'ai découvert que ses deux enfants étaient catéchisés chez nous, et que son beau-frère n'était autre que le gardien de notre couvent. Peu accaparé par son travail, Georges m'a proposé de s'engager bénévolement dans notre centre humanitaire. Peu à peu, nous sommes devenus très amis. Je considère Georges comme mon ange gardien. C'est lui qui m'accompagne dans toutes mes aventures, dans tous mes déplacements, y compris les plus risqués. Un homme discret et serviable, comme on en rencontre peu.

Avant chaque voyage, Frans et moi avons pris l'habitude de nous téléphoner, pour évaluer les risques. Puis nous informons les chefs des deux camps en présence, l'armée gouvernementale et les rebelles, pour éviter d'être ciblés par erreur. Georges et moi, nous surnommons ce trajet le « chemin de la mort ». Avant de l'emprunter, nous avons un rituel. Égrener ensemble, comme pour les conjurer, tous les malheurs susceptibles de survenir en route. Et nous rions en songeant aux choses incongrues que nous inflige la guerre. Combien de fois nous aura-t-il fallu baisser la tête, couchés au sol, pour esquiver une balle perdue ? Il y a une part d'autodérision, dans ces situations critiques, qui peut sembler curieuse. Peut-être est-ce notre façon de survivre, d'apprivoiser l'insoutenable absurdité de la guerre. Quand nous tentons de passer, c'est souvent à bord d'une voiture chargée de médicaments, de nourriture et de toutes sortes de fournitures commandées par Frans et Paul. Et croyez-le ou pas, nous sommes rarement inquiétés, que ce soit par les soldats, ou les rebelles. Si bien que nous avons parfois le sentiment de circuler dans une voiture magique, munis d'une cape d'invisibilité ! Ce fait reste, aujourd'hui encore, très mystérieux à mes yeux. À moins que ce ne soit l'aura du centre Saint-Sauveur, dont nous annonçons le nom à chaque passage, qui nous garantit une relative immunité. Conscients de l'efficacité de ce sésame, nous l'avons même inscrit sur un morceau de carton, collé sur les vitres avant et arrière de notre voiture. Tous savent que nous œuvrons pour la population sans parti pris.

Du reste, rares sont les véhicules à opérer de telles allées et venues. Les rumeurs vont bon train ; les partisans des deux camps s'accusent mutuellement de commettre des exactions, de torturer des innocents. En temps de guerre, chaque camp fait de l'adversaire un monstre.

Les trajets obéissent à des règles strictes. Nous devons entrer dans la vieille ville après 7 heures et ressortir avant 16 heures, sans traîner en route. Il n'est pas rare que nous nous suivions à plusieurs voitures, pour des questions de sécurité. Un ami, prêtre orthodoxe, nous accompagne parfois pour visiter sa propre paroisse et sa communauté, accompagné de son assistant, Salim. C'est un homme courageux, avec lequel nous avons mis en œuvre plusieurs projets humanitaires et éducatifs. L'audace de son assistant suscite mon admiration. Ces derniers jours, Salim a permis à de nombreuses personnes de quitter le centre-ville assiégé à bord d'un corbillard appartenant à l'Église grecque-orthodoxe ! Lui non plus, il n'hésite pas à s'exposer. Sa voiture a été plusieurs fois touchée par les balles. Son frère et lui ont même été blessés. Mais il n'a jamais renoncé à servir la population. À mes yeux, cet homme exceptionnel est l'un des héros méconnus de la guerre à Homs…

Quand je reviens chez Frans, le travail ne manque pas : ce sont des quantités dantesques de vivres à distribuer, mais aussi des médicaments et des vêtements, épaulés par les bénévoles du quartier. Nous visitons aussi les personnes âgées ou malades.

Une autre mission, plus insolite, pimente nos journées. Elle consiste à rapporter des papiers officiels, de l'argent ou des bijoux à ceux qui ont fui la zone. Vous n'imaginez pas l'intelligence déployée par ceux qui ont dû abandonner précipitamment leur maison, pour dissimuler ce qui leur est cher. À ce petit jeu de cache-cache, chacun possède une méthode, aussi prodigieuse qu'inattendue. L'instinct de protection est sans limites. Un jour, nous charrions les denrées et les stocks d'un magasin. Le lendemain, c'est tout l'équipement d'un cabinet de dentiste qu'il faut rapatrier. Puis les ordinateurs de nos salles paroissiales, ou encore des documents appartenant aux religieuses. La demande la plus incongrue qui nous ait été faite concerne deux voitures à exfiltrer de la zone des combats. La première, une Mercedes noire, avait été laissée chez nous par un prêtre. La seconde appartenait à un ingénieur qui l'avait abandonnée dans son garage, et redoutait qu'elle soit volée.

Il est des moments où un bon prêtre doit avoir des qualités de déménageur, et même de convoyeur !

Il nous arrive, durant ces trajets, de croiser deux autres prêtres catholiques, de deux paroisses différentes, qui ont eux aussi quitté la vieille ville. Tous deux effectuent ce même chemin pour rapatrier les biens de leurs églises en zone sûre. Nos entrevues nous permettent d'échanger quelques nouvelles. Nous sommes tous dépassés par notre mission, aussi impérieuse qu'elle est étrange.

Transporter des biens matériels d'une zone à une autre est une opération à haut risque. Mais faire passer un être humain est une expérience inoubliable, que je vais vous raconter…

* *
*

Le passage inattendu

Quand le père Frans a commencé à accueillir des familles dans notre résidence de la vieille ville, en avril 2012 j'étais à Damas et à Beyrouth, avec nos communautés jésuites. De retour une semaine plus tard, je découvre stupéfait une foule de familles, avec de jeunes enfants, dans notre couvent. Je suis saisi par le climat familial instauré par Frans : les déplacés partagent tout ce qu'ils ont, dans un esprit d'entraide et de simplicité. Certaines femmes prennent en main les repas, d'autres, le ménage, tandis que les hommes rafistolent les portes, les fenêtres et les morceaux de toiture endommagés par les balles et les obus.

Les familles passent le plus clair de leur temps à l'intérieur. Peu se risquent dehors, car les combats font rage. Et voici comment, peu à peu, s'organise un partage des tâches, une vie commune, chacun s'efforçant d'habiter de son mieux cette lourde attente. Tous ignorent encore qu'ils vont devoir rester plusieurs années dans ce lieu clos… Ils ne l'imaginent pas un seul instant, convaincus que cette parenthèse sera de courte durée, quelques semaines, quelques mois tout au plus. En réalité, ils resteront deux ans auprès du père Frans. Pour l'heure, l'urgence est de trouver une façon de structurer cette nouvelle vie avec tant de familles, de nouveaux arrivants chaque jour, dans une maison conçue initialement pour la vie religieuse. Et qui plus est sous la tutelle d'un prêtre ! Sans parler du fait que cohabitent, sous un même toit, des familles musulmanes et chrétiennes…

Une scène illumine mon retour : la vue du père Frans, 73 ans, gambadant dans les jardins du couvent, poursuivi par une meute d'enfants, dans un bourdonnement de rires. La joie qui les anime est saisissante. Il joue avec eux, manifestement de bon cœur. C'est la première fois que je le vois ainsi. Comme un père de famille. Les enfants sont très attachés à lui. C'est Frans, désormais, qui leur apprend à lire et à compter, épaulé par des jeunes. Au milieu de la guerre, une école improvisée renaît à l'abri du couvent. Comme il me l'a demandé, j'ai rapporté des jouets, des cahiers et des crayons pour stimuler les enfants, et permettre à leurs parents de souffler. De mon côté, je me mets à leur enseigner l'arabe, les mathématiques et d'autres matières. Les cours se poursuivront au gré de mes visites régulières.

À chaque fois, c'est une joie immense. J'ai beau trembler sur la route, jamais sûr d'arriver à bon port, la vue de leurs sourires suffit à me faire oublier les dangers encourus pour être à leurs côtés.

À plusieurs reprises, j'ai l'occasion de dormir sur place pour relayer le père Frans lorsqu'il se rend dans la « vallée des Chrétiens », à 60 kilomètres à l'ouest de Homs, ou à Damas. Avant de partir, il me téléphone toujours. « Ziad, j'ai besoin que tu viennes dormir ici, pour veiller sur les familles. » Dans son esprit, la présence d'un père jésuite est la meilleure façon de les protéger, de dissuader les bandits qui auraient des velléités de s'en prendre à notre maison. Après avoir laissé quelques consignes à l'équipe du centre Saint-Sauveur, je me mets en route. La première fois que je viens le relever, j'éprouve un sentiment étrange. Passer la nuit parmi toutes ces familles est très nouveau pour moi.

* *
*

Vous vous demandez peut-être comment les familles meublent ces interminables journées. Il y a tant de choses à faire, à réparer. Pour commencer, il faut s'approvisionner en eau (l'état de siège a mis les conduites d'eau potable hors service). Prudemment, les gens ont retrouvé le chemin des anciens puits, munis de bidons rudimentaires. Nos jeunes pensionnaires risquent leur vie chaque jour ou presque pour assurer le ravitaillement du couvent. Le puits le plus proche se trouve dans la mosquée voisine, à 200 mètres de chez nous, dans la rue principale. Son cheik a autorisé le père Frans à y puiser de l'eau, chaque fois que nous en avons besoin. De l'eau, nous en trouvons aussi dans les maisons et les églises. Mais pour cela, il nous faut surtout du mazout, afin de faire fonctionner les générateurs électriques qui permettent d'alimenter les pompes. En 2014, dans le cadre d'un programme d'accès à l'eau potable mené par le Service jésuite des réfugiés, nous aurons la surprise de découvrir un puits au cœur même de notre couvent. Faut-il en rire ou en pleurer ? Et dire que, pendant tout ce temps, nos jeunes ont risqué quotidiennement leur vie, alors qu'il suffisait de desceller une dalle noire de 60 centimètres pour atteindre la source ! Nous ignorions que l'eau coulait sous nos pieds. Cruelle ironie du sort….

L'eau n'est pas notre seule obsession. Il nous faut aussi mener des collectes de mazout, en siphonnant — avec la bénédiction des propriétaires absents — les réserves des maisons abandonnées. Cela nous assure, dans les bons jours, deux à trois heures de courant grâce au générateur installé dans la cour du couvent, l'électricité étant, comme l'eau courante, coupée dans tout le quartier. Nous menons une vie primitive. C'est l'esprit de famille, et lui seul, qui nous fait survivre dignement, au prix d'une solidarité sans faille. Tandis que les femmes s'affairent en cuisine, les hommes se mettent en quête de farine, et font cuire de délicieux pains dans la cour de notre école, en utilisant le bois des arbres, et parfois celui des toitures endommagées par les bombes. Quand Frans m'a annoncé que le toit de ma chambre avait été touché, il a aussitôt ajouté, avec son aplomb coutumier : « D'une certaine façon, c'est une chance, car il nous faut du bois pour alimenter le feu et faire cuire du bon pain ! » Et il a éclaté de rire. Frans est de ceux qui voient toujours « le verre à moitié plein », pétri d'une imprenable espérance.

Le couvent n'est pas seulement habité par les familles. Tous les habitants du quartier le fréquentent quotidiennement. C'est le cas, notamment, des 120 chrétiens encore présents dans la vieille ville. Ils viennent assister à la messe célébrée par notre cher père Frans, avides de prière et de réconfort. Subtilité orientale, ces chrétiens ne célèbrent pas tous selon le même rite ! Il y a parmi eux des syriaques, des grecs-orthodoxes, des maronites, des protestants, des latins et des grecs-catholiques. Tous forment désormais une communauté œcuménique, à l'exemple de la première communauté chrétienne. Unis autour du père Frans. C'est ce qu'il écrit à ses amis, dans une lettre bouleversante, en octobre 2012 : « Nous vivons comme les premiers chrétiens, tel que saint Luc le raconte dans les Actes des apôtres. Le couvent des jésuites était et restera la maison de tous. Nous espérons que la vie reviendra en son temps, et que la paix sera rétablie, d'autant que l'hiver est à nos portes. Nous croyons que Dieu vient à notre secours et nous aide comme une seule communauté, en nous donnant sa patience et sa force. À chaque jour suffit sa peine. Nous prions Dieu de nous envoyer son Esprit saint pour que notre communauté forme un seul cœur et une seule âme. »

* *
*

Ma première rencontre avec les familles restera gravée dans ma mémoire. J'ai d'abord salué le père Frans et les hommes que je connaissais, ainsi que leurs enfants. Et, de loin, les femmes : dans la tradition musulmane, leur adresser son salut suffit. Après une semaine d'absence, je tiens, en tant qu'intendant de la communauté, à visiter chaque pièce du couvent pour inventorier les dégâts et les besoins de nos hôtes. Mais l'accès à la partie où résident les femmes et les enfants est plus délicat. Celles-ci portent le voile, et il leur est interdit de se découvrir devant un homme extérieur à la famille. Cependant, très vite, j'apprends à les connaître. Des liens d'amitié se tissent. Quand je reviens, la fois suivante, les femmes m'invitent à partager une boisson chaude, dans la partie du couvent qu'elles occupent. Et là, soudain, je réalise qu'elles se sont découvertes ! Quel beau geste de leur part : elles ont voulu me signifier que je suis devenu leur proche, à l'image du père Frans ! C'est comme un membre de la famille que l'on m'accueille désormais. Lors de ma visite suivante, les familles célèbrent entre elles une fête musulmane. Comme le veut la coutume, j'embrasse les hommes en leur présentant mes vœux. Et cette fois-ci, à ma grande surprise, les femmes aussi viennent m'embrasser. C'est le signe d'une amitié très particulière, d'une véritable confiance qui s'est nouée entre nous.

Un jour, l'une de ces femmes vient me trouver, discrètement, avec une requête étonnante : « Pourrais-tu te procurer un kit de coloration pour mes cheveux ? » Avant d'être prise au piège dans la vieille ville, cette jeune célibataire vivait avec l'une de ses sœurs et son beau-frère, ainsi que leurs trois enfants. Sur le moment, je ne comprends pas pourquoi elle souhaite à tout prix changer la couleur de sa chevelure, sachant qu'elle porte le voile le plus clair du temps. Le lendemain, fidèle à ma promesse, je lui rapporte ce qu'elle m'a demandé.

Quelques jours plus tard, le père Frans me téléphone. Quelqu'un, au couvent, doit s'extraire de la vieille ville. Frans compte sur moi pour lui servir de passeur. Le jour dit, je me présente de très bonne heure au couvent. Quelle surprise ! J'y retrouve la femme qui m'avait demandé la teinture. « Abouna, me dit-elle, j'ai besoin que vous me conduisiez à Al-Nouzha, chez ma sœur, qui a épousé un homme alaouite. » Le conflit a tant exacerbé les sensibilités, qu'elle n'a osé le dire à personne au couvent, de crainte d'être incomprise. Et soudain, je comprends pourquoi elle tenait tant à changer la couleur de ses cheveux… Elle veut être belle pour retrouver ses proches. Tout simplement. « Écoute, cela devrait pouvoir se faire. À une condition : une fois passés les barrages contrôlés par les rebelles, il faudra te dévoiler pour franchir ceux de l'armée. La présence d'une femme musulmane dans la voiture d'un prêtre risque d'attirer les soupçons. »

Vers 14 h, nous quittons le centre-ville. Le temps est doux, les rues sont calmes. Il y a cinq barrages à traverser de chaque côté. Elle garde son voile jusqu'à la grande mosquée, à mi-chemin. Puis elle l'ôte. Le trajet se passe d'autant mieux qu'à plusieurs reprises, on m'a vu en présence d'une religieuse ou d'une paroissienne venue soigner les enfants. Pour les soldats, laisser passer des femmes n'est pas un problème.

Trois jours plus tard, je la reconduis dans la vieille ville, avec les mêmes précautions. Nous atteignons le couvent, sains et saufs. La force de caractère de cette femme, qui n'a pas hésité à braver les embûches et les dangers pour passer du temps auprès de sa sœur, force mon admiration. Notre nature humaine nous pousse parfois à dépasser nos peurs et nos angoisses pour aller à la rencontre de l'autre.

* *
*

Paolo Dall'Oglio, un esprit libre

C'est en 1994, à Damas, que ma route croise pour la première fois celle de Paolo Dall'Oglio. Comme tout le monde, j'avais entendu parler de ce jésuite italien, personnage volubile et charismatique. On le disait capable de déplacer des montagnes. Et c'était vrai. Avec sa carrure de montagnard, sa barbe aux reflets d'argent et son regard pénétrant, Paolo dégageait un magnétisme peu commun. L'amour qu'il portait à la Syrie était indissociable de la renaissance de Mar Moussa, un monastère syriaque situé non loin de Nebek, à mi-chemin entre Damas et Homs.

Paolo et moi, nous nous croisions fréquemment lors des réunions organisées par les jésuites, notamment l'été. Il paraissait toujours en ébullition, débordant d'idées, de projets, de réflexions diverses. Son tempérament volontaire et audacieux ne laissait personne indifférent. J'entends encore sa voix rocailleuse, dont il usait avec éloquence pour convaincre ses détracteurs, toujours prêt à se frotter aux autres, à rallier de nouveaux soutiens. Il n'avait pas froid aux yeux, Paolo. La Syrie lui convenait d'autant mieux qu'il maîtrisait à la perfection la langue arabe, y compris le dialecte qu'on parle dans la région de Mar

Moussa. Il aimait sincèrement la population, qui le lui rendait bien. Comment ne pas s'éprendre d'un étranger dont la dévotion pour la Syrie concurrencerait celle d'un Syrien de naissance ? Comment ne pas admirer sa fougue, son ardeur à sauver ce joyau oublié du monachisme oriental ? Mais ce qui faisait le sel de son engagement, c'est que Paolo prêchait inlassablement la réconciliation. Réconciliation entre les chrétiens et les musulmans, bien sûr, mais aussi réconciliation entre les musulmans eux-mêmes. Son érudition humaine et spirituelle sur l'histoire du Proche-Orient forçait l'admiration. C'était un lecteur boulimique, assoiffé de connaissance et de partage. Au monastère se croisaient toutes sortes de personnalités en vue. À leurs côtés, Paolo s'évertuait à faire passer ses idées, avec une verve inimitable, sans se départir d'une pointe d'humour. Mar Moussa se voulait l'incarnation d'une Syrie ouverte, laboratoire de dialogue et d'hospitalité au cœur du monde arabe.

Paolo fut un ami d'exception. Nous ne manquions jamais une occasion de confronter nos visions du monde. Je me souviens d'une rencontre, au cours de l'été 2009. Paolo m'avait convié à Mar Moussa pour un débat sur le thème du destin, autour de penseurs chrétiens et musulmans. Un grand moment d'échange, préparé de main de maître. Mar Moussa se voulait comme un terreau pour l'amitié islamo-chrétienne. Dans les mois qui ont suivi cette rencontre, nous sommes devenus très proches. Paolo dépendait de notre communauté de Homs, tout en étant à la disposition du monastère de Mar Moussa. Il nous rendait visite à chaque rencontre communautaire. Parfois, il s'entretenait avec Frans, qui était son supérieur. Une mission loin d'être de tout repos ; Paolo ne se laissait pas aisément cadrer ! Aussi talentueux qu'entêté, il cultivait jusqu'à l'excès son statut d'électron libre, ce qui nous vaudra bien des sueurs froides.

En 2010, quand éclate le Printemps arabe, Paolo commence à réfléchir à l'avenir de la Syrie et des Syriens. Il nous rend souvent visite, pour nous faire part de ses analyses. Je me souviens de ce jour où il est venu nous trouver dans une fureur noire, parce qu'il avait appris que le ministère de l'Agriculture avait décidé d'abroger sans l'avertir le classement en « zone protégée » du domaine agricole autour de Mar Moussa. Paolo rêvait d'y fonder une coopérative pour soutenir matériellement les bergers du secteur, dans un territoire en voie de désertification. Peu de temps auparavant, le gouvernement avait également ouvert un axe entre la ville et le monastère, en bitumant un chemin de terre. Ces deux gestes ont déplu à Paolo, qui ne s'est pas privé de le faire savoir avec éclat. Cette route, disait-il, c'était un cadeau empoisonné. Avec elle suivraient des lotissements, des hôtels, des magasins… Il craignait que cette belle région propice au silence et à l'oraison ne se mue en un pôle voué au tourisme et à la consommation. Paolo estimait qu'il en allait de sa mission de préserver l'esprit monastique des lieux. Il n'avait pas hésité à adresser une lettre traduite en plusieurs langues à toutes les ambassades étrangères de Damas, y dénonçant d'une plume virulente la politique de l'État, qui menaçait à ses yeux l'avenir du monastère et son environnement. Il s'échina à mobiliser ses réseaux d'influence. Je fus moi-même chargé de porter en son nom une lettre au ministère de l'Agriculture. Mais j'ai vite compris que sa requête n'aboutirait jamais. Paolo l'acceptait mal. C'était un homme nerveux et impulsif.

Devant l'indifférence de l'administration, il est devenu fou. Il s'est répandu auprès des journalistes, laissant ses critiques éclater au grand jour. Il espérait, à travers ce bras de fer, infléchir la décision du gouvernement. Mais c'était peine perdue. En haut lieu, l'opposition frontale de ce missionnaire étranger a été très mal perçue. Les autorités ont commencé à se méfier de Paolo.

Pendant ce temps, la fronde se durcissait en Tunisie, en Égypte. Paolo, avec son sens prophétique, a compris dès le début que ce vent de révolte finirait par atteindre la société syrienne. Début 2011, il est donc venu me trouver dans notre résidence de Homs, où je l'attendais pour le petit déjeuner. Il m'a fait part de sa crainte de voir le peuple syrien, dont il connaissait l'âme profonde, se soulever contre l'État. À l'écouter, ce n'était qu'une question de temps. Cette défiance vis-à-vis du pouvoir, il le pressentait, coûterait très cher à la Syrie. Le scénario qu'il me déroulait était glaçant. Il décrivait avec une précision implacable la réaction en chaîne qui risquait de précipiter le pays dans le chaos. Des centaines, des milliers de morts, peut-être. Quand je lui ai demandé d'étayer son pessimisme, il a eu cette réponse : « Tout laisse penser que le passé va se répéter. » En connaisseur avisé de l'histoire de la Syrie, Paolo se référait à l'insurrection des Frères musulmans entre 1976 et 1982. Nous en avons longuement débattu. Pour Paolo, le compte à rebours était lancé. Et il n'entendait pas rester les bras ballants. Il m'a annoncé son intention d'écrire une lettre au gouvernement, en forme de mise en garde : sans réformes rapides, le pire était à craindre… Paolo voulait protéger cette Syrie qu'il aimait tant. Il désirait sincèrement la paix.

Quelques mois plus tard, la révolte a éclaté à Deraa, dans le sud du pays. Paolo a tout de suite craint une contagion des violences à l'ensemble du territoire syrien. Il s'en est ouvert auprès de plusieurs journalistes, estimant urgent de mobiliser l'opinion autour du sort de la Syrie. Une fois encore, cette initiative n'a pas été du goût des autorités. Étant religieux, et de surcroît italien, Paolo pouvait difficilement être inquiété. Une lettre officielle fut néanmoins adressée à l'évêque syriaque catholique de Homs, dont dépendait aussi l'intéressé, l'enjoignant à plus de prudence dans ses déclarations. Pendant ce temps, à Homs, la révolte gronde. Paolo, lui, n'a qu'une idée en tête : tout faire pour que la Syrie ne bascule pas dans une guerre civile. J'apprends qu'il a même rédigé une feuille de route destinée à protéger les communautés chrétiennes et musulmanes. Paolo craignait que la mosaïque religieuse syrienne soit instrumentalisée à des fins politiques. Ce document existe toujours, on peut le retrouver sur Internet.

En ces mois d'hiver 2011, Paolo n'oubliait pas ses engagements spirituels. Je me souviens qu'il étudiait de près la possibilité d'aller fonder un monastère en Irak, dans l'esprit de Mar Moussa, à Souleimaniye, à la demande de l'évêque du lieu. En tant qu'étranger, détenteur d'un titre de séjour, il lui fallait demander à l'avance un visa pour assurer son retour d'Irak. Un matin, il est venu me trouver à Homs, en me demandant de l'accompagner pour effectuer cette démarche. Arrivés à la préfecture, on nous a fait savoir que Paolo devait obtenir l'autorisation du vice-ministre des Affaires étrangères. Il a compris qu'une fois sorti, il ne rentrerait jamais en Syrie, et a renoncé à sa mission en Irak. De retour à Homs, Paolo s'est entretenu avec plusieurs membres de la communauté pour prendre une décision : devait-il quitter la Syrie et s'engager depuis l'étranger en faveur du peuple ou rester sur place en gardant le silence ? Contre toute attente, il nous a fait savoir qu'il optait pour la seconde solution. Personnellement, je n'y ai pas cru un seul instant ! Un autre jésuite, présent lors de cette rencontre, s'est tourné vers lui :

« Je te connais bien, Paolo. Tu ne sais pas rester silencieux !

– Au moins, j'essaierai ! » lui a-t-il répliqué en riant.

Cela n'a pas manqué. Paolo n'a jamais cessé de s'exprimer au sujet de la crise, d'assumer ses opinions démocratiques et libérales, toujours en connivence étroite avec les journalistes. Il s'est mis à fréquenter beaucoup de jeunes. Sa voix était écoutée. À tous ceux qu'il rencontrait, il distribuait une copie de la feuille de route qu'il avait conçue en vue d'une sortie de crise. Paolo était mouillé jusqu'à l'os dans le conflit. Il ne s'en cachait même plus.

Courant 2012, nous nous sommes retrouvés à Damas et avons décidé de rentrer ensemble jusqu'à Nebek. Autour de la capitale, les manifestations hostiles au gouvernement s'intensifiaient. Des jeunes femmes occupaient pacifiquement un centre commercial, allongées par terre avec des pancartes au slogan sans équivoque : « Arrêtez l'assassinat ». Pendant une heure et demie, nous avons discuté à bâtons rompus. Sur le sort de la Syrie, sur sa perception des forces en présence, sur les clés d'une résolution pacifique du conflit. Il ne mâchait pas ses critiques à l'encontre du système éducatif, en particulier au sein des Églises, qui n'aidait pas, disait-il, les jeunes à penser la démocratie. Il me répétait cette phrase que je garde toujours au cœur : « Le goût de la liberté est plus doux encore que celui du miel et du sucre. »

Paolo avait choisi sa ligne de conduite sans ambiguïté, faisant fi des conseils de son entourage. Je me souviens de ce jour de 2012 où il m'a appelé de bonne heure pour me confier son intention de se rendre à Qousseir. Cette ville, composée de chrétiens et de musulmans, avait été dès le début du conflit le théâtre de malentendus entre les deux communautés, qui ont l'une et l'autre mal agi. Chaque camp a déploré ses victimes. De nombreux chrétiens ont dû fuir leur maison. Le point d'orgue de ces déchirements restera sans conteste le massacre par des intégristes musulmans d'une famille chrétienne entière. Et depuis peu, des conflits internes menaçaient l'unité même des communautés. Paolo disait vouloir s'y rendre pour promouvoir un djihad spirituel en réponse à ce déchaînement de violence. Il se considérait comme un messager de paix. Il avait également appris que le fils d'une veuve était aux mains des rebelles et il estimait de son devoir de négocier sa libération. C'était le motif de sa visite. Quand il m'a détaillé ce projet, je lui ai vivement conseillé d'y renoncer, d'autant que Frans et moi étions à pied d'œuvre depuis plusieurs semaines pour tenter une médiation entre chrétiens et musulmans, afin d'enrayer l'engrenage de la vengeance et des représailles. En agissant de la sorte, il risquait de court-circuiter nos propres tentatives.

Paolo m'a objecté qu'il tenait aussi, en tant que religieux, à vivre un temps de retraite spirituelle « dans le terrier du Mal », selon ses termes. Je l'ai renvoyé au père Frans, notre supérieur commun, pour trancher ce désaccord. Paolo a pris la route de

Qousseir, prétextant qu'il était injoignable. « Laisse-moi un peu de temps pour lui parler », ai-je insisté, en butte au réseau téléphonique récalcitrant. Quand Frans a appris que Paolo avait rejoint Qousseir, son sang n'a fait qu'un tour. « Toute cette affaire va mal tourner ! » fulmina Frans. Et il visait juste. Dès son arrivée, Paolo a été accueilli par les rebelles, qui ont immédiatement perçu le profit qu'ils pouvaient tirer de sa présence. Experts en communication, ils ont mis en scène sa visite en le filmant attablé parmi les combattants. Diffusée sur YouTube, la séquence les montre en train de discuter, de manger, dans une atmosphère très conviviale. Évidemment, cette visite a provoqué l'ire des chrétiens de Qousseir et de Homs, tout comme celle des autorités syriennes. Personne ne connaissait le motif réel de la présence de Paolo, l'intéressé n'en n'ayant rien dit. Le poids des images, lui, fut terrible. La séquence a été reprise à la télévision. Paolo Dall'Oglio, aux côtés des rebelles. Un message très politique… Peu après, un fax du bureau du ministère des Affaires étrangères, à Damas, est arrivé chez l'évêque syriaque, exigeant qu'une solution soit trouvée pour Paolo, en raison de ses engagements partisans. L'évêque a convoqué un conseil des évêques de Homs en présence du Père Frans et de Paolo, et le couperet est tombé. Les autorités de l'Église ont sommé Paolo de quitter le pays dans les 48 heures. À en croire Frans, il a accepté cette décision, sans révolte. C'est aussi ce que j'ai pensé, lorsqu'il m'a téléphoné pour m'en faire part. Je me suis rendu à Damas pour le voir une dernière fois. Nous avons pu discuter un long moment. Paolo semblait furieux de ce qu'il voyait en Syrie. Il ne supportait plus de se taire. Tout cela le blessait au plus profond de lui. Je lui ai recommandé la plus grande prudence, de ne pas se laisser instrumentaliser par les médias, une fois à l'étranger. Puis nous nous sommes salués et j'ai regagné Homs. C'est la dernière fois que nous nous sommes vus. Il a quitté la Syrie le 12 juin 2012.

À peine Paolo avait-il franchi la frontière libanaise qu'il a organisé une conférence de presse, fustigeant l'autorité syrienne. Un discours engagé et offensif. De là, il s'est rendu en Europe pour témoigner de la situation en Syrie, en Égypte et en Irak. J'ai appris qu'il était revenu clandestinement en juillet 2013, en s'infiltrant par le Nord, avec des opposants. Peut-être a-t-il voulu négocier la libération de deux évêques syriens enlevés quelques mois plus tôt, le 22 avril. La disparition de Mgr Boulos Yazigi, évêque grec-orthodoxe d'Alep, et de Mgr Youhanna Ibrahim, métropolite de l'Église syriaque orthodoxe de la même ville, a été vécue comme un traumatisme dans le pays. Nous ignorons pour quel motif Paolo voulait, ce 27 juillet, rencontrer le chef de l'organisation islamiste à Raqqa, fief de Daesh. On ne l'a jamais revu.

* *
*

De la souffrance à l'espérance

La violence, à Homs, s'accroît de jour en jour. En particulier dans notre quartier d'Al-Nouzha, qui concentre les combats les plus âpres. La semaine des Rameaux, en avril 2012, s'avère particulièrement tendue.

En ce samedi après-midi, une forte explosion se fait entendre. Un obus vient de s'abîmer sur le toit de notre église Saint-Sauveur, au niveau de l'autel, forant un profond cratère sur le sol dallé. Nous venions de finir de repeindre l'église en janvier. Et c'était le seul de nos trois lieux de culte encore préservé des dégâts. Dieu merci, personne ne s'y trouvait au moment de l'impact.

Ce soir-là, je suis à Rome. Seul dans la cité de Pierre, j'ai toutes les peines à trouver le sommeil. Demain, je dois m'exprimer sur la situation en Syrie devant notre père général jésuite et ses consulteurs, le tout en langue anglaise. Minutieusement, j'affûte le contenu de mon exposé. Entre deux annotations, je ne peux m'empêcher de songer à notre pauvre église. J'imagine la brèche qui s'est formée dans la charpente. Si j'en crois les descriptions que l'on me fait, quelques rais de lumière nimbent le chœur d'une lueur mystique, tout droit surgie d'une scène biblique. Beauté paradoxale du chaos.

À des milliers de kilomètres de là, notre diacre semble démuni. Les religieuses sont absentes, et le père Frans ne peut s'extraire de la vieille ville, couvre-feu oblige. Au téléphone, je lui suggère de nettoyer l'église et de ne rien dire à quiconque avant mon retour, dans deux jours. Qui peut bien avoir intérêt à viser notre communauté, en ce temps pascal ? C'est un mystère. Personne, pour l'heure, n'a revendiqué l'attaque.

Nous prévenons le père Frans qui nous exhorte à la mesure : « Nous devons rester calmes, et prendre soin de n'accuser aucune partie. C'est une situation très délicate, dans une zone qui ne l'est pas moins. Évitons de nous épancher dans les médias. » Une fois encore, la sagesse de Frans m'impressionne. En février, déjà, il m'avait sauvé la mise dans un moment tendu. L'armée gouvernementale venait d'investir un bâtiment désaffecté, en face de notre église, à Al-Nouzha. Le centre Saint-Sauveur se trouvait alors exceptionnellement inoccupé. Nos religieuses avaient préféré prendre leurs distances, suite à notre mésaventure sur la route, et de mon côté, j'avais dû me rendre à Amman, en Jordanie. En découvrant notre vaste résidence, si bien équipée, les soldats ont commencé à utiliser nos sanitaires. Alerté par notre gardien, le père Frans est allé les trouver. Avec son instinct pondéré, sa science éprouvée des rapports humains, il a su négocier habilement avec le colonel du détachement. Ce dernier se désolait de n'avoir ni douches ni toilettes dans leur casernement provisoire ? Qu'à cela ne tienne, Frans a dépêché sur place un entrepreneur, qui a remis en état — à nos frais ! — les commodités défectueuses. En attendant la fin du chantier, les soldats ont pu emprunter les nôtres, à condition de déposer leurs armes à l'entrée du centre, pour respecter notre neutralité. Quelle vivacité, quelle efficacité et quelle sagesse dans la réaction de Frans ! Il a cette capacité rare de trouver les mots justes, et de faire baisser la tension dans les situations les plus délicates.

* *
*

Deux images me frappent le lendemain. La première, c'est la fête des Rameaux à Rome, au cœur de la foule cosmopolite massée place Saint-Pierre. Les fidèles sont incroyablement fervents. Leurs chants, leurs cris de joie et leurs prières m'habitent encore. Je revois le pape François, au loin, qui nous bénit, en nous souhaitant une bonne fête, invitant chacun à prier pour la paix. La seconde image, c'est notre église à Homs, lugubre et dévastée. Les fidèles l'ont désertée. Je songe au père Frans, célébrant seul la messe, avec ceux qui n'ont pas fui la vieille ville. Sous les bombes, dans le froid. Quelle contradiction, pour moi, que d'être loin des miens ! Assister à la fête des Rameaux au Vatican, j'en ai toujours rêvé. Et pourtant, je me sens immensément triste. Comme si la joie et la violence ne pouvaient cohabiter en moi. Les marques d'affection des membres de notre curie générale — le gouvernement des jésuites à Rome — me touchent au cœur. Je me sens fier d'être parmi eux, dans un tel esprit de fraternité. Une cinquantaine de compagnons m'entourent. Je peux leur confier mes angoisses et mes difficultés en toute confiance. Je ne l'oublierai jamais.

* *
*

Avant de rentrer à Homs, comme à mon habitude, j'effectue un crochet par Beyrouth. Là, je me rends au chevet du père Michael Brenninkmeyer, qui vivait avec nous avant la guerre. C'est lui qui a fondé le centre Saint-Sauveur, et son église attenante. Le père Michael me confie qu'il est au courant de tout, sans perdre pour autant son éternel sourire amical. « Ne te cause pas de tracas. La seule chose qui importe, c'est qu'aucune victime ne soit à déplorer. » Et, comme pour me réconforter, il me révèle avoir souvent rêvé d'aménager une verrière dans la toiture de l'église Saint-Sauveur, afin que la lumière du jour illumine l'autel. Un projet qui n'a jamais pu se concrétiser… Troublante coïncidence !

De retour à Homs, plusieurs thèses circulent après l'attaque. Des accusations contradictoires sont portées. Comment les vérifier ? Simultanément, les témoignages de sympathie affluent. Toutes les communautés de Homs nous assurent de leur soutien. L'énigme s'épaissit… Les paroissiens, je le devine, attendent une parole forte de ma part. Que je clarifie la situation, en apportant des éléments tangibles. Mais j'en suis bien incapable. Une paroissienne incrimine à mi-voix nos voisins musulmans qui, pense-t-elle, auraient bombardé l'église pour nous empêcher de fêter Pâques. C'est, pour elle, une raison suffisante de suspendre toute aide humanitaire à ces familles, et d'écarter leurs enfants de nos centres éducatifs. Comme je le répète sans cesse, nos actions ont vocation à servir tous les Syriens, sans discrimination, sans préférence. Certains, dans les rangs chrétiens, s'en émeuvent parfois. J'ai déjà essuyé ce type de critiques. Alors j'écoute cette femme, en gardant le silence. La sagesse commande de ne pas répondre à chaud, sous l'empire de l'émotion. Il faut résister aux ruses du diable — le Diviseur — comme nous y invite l'Évangile.

Cette affaire m'embarrasse. Il convient d'éviter de jeter de l'huile sur le feu, et de favoriser l'apaisement. Tout en préparant l'homélie des Rameaux — que nous célébrons avec plusieurs jours de décalage, en vertu du calendrier « julien » qui prévaut dans les Églises d'Orient —, une idée me vient à la lecture de l'évangile du paralytique (Mc 2,1-12). La voici. On nous reproche en creux de n'avoir guère protesté après l'attaque. Les visages de nos fidèles, assombris par la colère, endurcis par le ressentiment, confortent cette impression, tandis que je m'avance dans l'église au toit défoncé. Je les salue un à un, en exprimant ma joie de les retrouver indemnes : « C'est peut-être un signe que la Providence nous adresse, afin que la sagesse de Dieu pénètre en nous pour transformer nos cœurs paralysés par la violence et par la haine. Et, qu'ainsi, nous soyons rétablis à l'image du paralytique de l'Évangile. Rappelez-vous : ses amis durent pratiquer une ouverture dans le toit de la maison, afin de le faire descendre avec son grabat jusqu'à Jésus, qui le guérit. » J'ignore comment cette intuition m'est venue, mais la vue du ciel, à travers la toiture endommagée de notre église, m'a poussé à cette relecture audacieuse.

Je leur rapporte aussi le rêve un peu fou que le père Michael Brenninkmeyer vient de me confier, celui d'ouvrir une fenêtre dans le toit. « C'était la lumière de Dieu qu'il souhaitait faire entrer dans nos vies. » Silence. Alors les visages s'éclairent. La joie, dans les regards, l'emporte sur l'abattement. Nos fidèles réconfortés s'en retournent chez eux. En sortant, l'un de nos amis, paroissien de Saint-Sauveur, m'adresse ses encouragements : « C'est votre tâche de continuer à semer l'espérance. » Je le remercie, bouleversé.

Le dimanche suivant marque la Pâque orientale. Nous sommes le 15 avril. En ce jour de fête, notre église regorge de fidèles. La peur ne les a pas dissuadés, en dépit des obus qui pleuvent dans le quartier. Je les remercie pour le signe d'espérance qu'ils nous transmettent : « Dans une telle situation, où les religieux, les prêtres et les missionnaires se font rares, c'est à vous d'aller porter la bonne nouvelle, sans préjugé et avec une grande ouverture, à l'image de toutes les Marie de l'Évangile. » En me gardant de la nommer, j'en profite pour contrecarrer les griefs de la femme qui, sans la moindre preuve, avait imputé l'attaque à nos voisins musulmans : « Les Marie de l'Évangile étaient envoyées, aux côtés des disciples, vers tous les hommes, sans faire de distinction entre eux. D'emblée, leur mission a revêtu un caractère universel, qui n'avait rien d'identitaire. » Depuis, chaque fois que je la croise dans la rue, ou sous les voûtes de notre église, je souris intérieurement en songeant à cet épisode tragique. Et prophétique. Au risque de vous choquer, il y a quelque chose d'apaisant à voir la lumière inonder l'autel à travers la balafre du toit. Le père Michael n'avait pas tort de porter cette belle idée.

Dans les jours qui suivent, je me rends auprès du père Frans pour lui présenter mes vœux de Pâques. La Semaine sainte, à l'en croire, s'est révélée bien triste, dans notre église de la vieille ville. Peu de paroissiens s'y sont mêlés. Voici ce qu'il a dit à ceux qui ont bravé les bombes : « Cette semaine, nous célébrons la venue de Jésus à travers la douleur, à travers la mort et la Résurrection. Nous-mêmes, nous vivons avec la souffrance et la mort dans notre ville, Homs. Mais au fond de nos cœurs, nous avons ce désir de nous aider les uns les autres pour passer de la mort à la Résurrection. La Syrie souffre et nous voulons la guérir. La Syrie est déchirée et nous recherchons la paix. La Syrie est en proie à la cruauté et nous désirons la grâce de Jésus. Nous vivons dans l'espoir que l'Esprit de Dieu prévaudra sur tout ce qui déforme le visage de la Syrie. Nous pouvons louer Dieu pour le triomphe de la vie sur la mort. »

En ce lundi de Pâques, je me demande, avec les femmes de l'Évangile, qui pourra faire rouler la grosse pierre qui pèse sur notre tombeau et sur notre cœur, en Syrie…

* *
*

Le triomphe de la vie

À compter d'avril 2012, la violence s'est propagée à l'ensemble de la ville. Le mur de la haine tutoie de nouveaux sommets. Il croît, encore et encore, nourri du sang versé. Dans notre société multiculturelle, aucune communauté n'est épargnée. Le mur devient infranchissable. Pour tous.

En atteignant son paroxysme, la guerre entraîne des bouleversements sociaux sans précédent. Rues hantées par le cri des femmes et des enfants, cœur de la ville étouffé par les carnages. Des voisins de toujours se muent en ennemis craintifs, prompts à épier les faits et gestes de ceux d'en face. Les quartiers sont profondément divisés. Les uns contrôlés par l'armée, les autres aux mains de l'opposition. Peu d'entre nous osent circuler dans une ville qu'ils ne reconnaissent plus. Des rumeurs d'enlèvements se propagent, semant la peur dans le cœur des habitants. On rapporte des égorgements. Sunnites et alaouites s'accusent mutuellement des pires méfaits.

Ne pas sombrer dans la folie. C'est tout ce qui m'importe. Je continue de sillonner, à bicyclette, ces rues incertaines. Voitures incendiées et cadavres en putréfaction y sont monnaie courante.

Autant de traces laissées par la haine. Une haine qui, au-delà de l'imaginable, a pris racine au sein de notre peuple autrefois si pacifique. Arpenter la rue, comme je le fais, est un privilège dont beaucoup se privent, tétanisés par les combats. Mais il y a aussi toute une frange de la population qui prend une part active au chaos à l'œuvre. Impossible de poser un regard manichéen sur ce conflit, qui recèle son lot d'ambiguïtés.

Depuis que la guerre a mis Baba Amr à feu et à sang, dans l'ouest de la ville, la vie n'est plus comme avant à Al-Nouzha. Les deux quartiers sont très proches. « Noces du soir », « soirées musicales » ; les habitants font preuve de créativité pour railler la propension des belligérants à en découdre tous feux éteints. Le recours à l'ironie est tout ce qui leur reste pour apprivoiser l'horreur. La peur, me semble-t-il, les a rendus plus froids et plus méfiants qu'ils ne l'étaient. Personne n'ose s'exprimer à voix haute, encore moins en public. Il vaut mieux cacher ses sentiments, de crainte d'être accusé d'espionnage par un camp ou l'autre. Les Homsiotes ont appris à souffrir en silence. Seule l'expression de leurs visages raconte ce qu'ils vivent.

L'église Saint-Sauveur se trouve à présent sur la ligne de démarcation entre les deux camps. Quant à notre centre de catéchèse, il est privé d'électricité depuis qu'une balle a sectionné le câble d'alimentation principal. Personne n'a osé le réparer. Cela ne me change pas tellement. J'ai pris l'habitude de passer des journées entières sans courant, quand je vivais au couvent. Peu rassurés de me savoir seul, nos paroissiens ont instauré un roulement pour veiller sur moi et sur le centre. Ils sont trois ou quatre, chaque nuit, à mes côtés. Je n'ai pas eu mon mot à dire ! Leur dévouement et leur prévenance m'émeuvent.

Je dors dans la chambre d'invité des sœurs. Sur un matelas, au plus près du sol. On n'a pas trouvé mieux pour se prémunir des balles perdues. Le matin, je reste en général au centre. Il m'arrive aussi d'effectuer une visite éclair dans la vieille ville. Les après-midi et les soirées sont consacrées aux visites des familles et au travail administratif. J'ai noué d'excellentes relations avec mes nouveaux voisins. Me sachant seul, on m'invite souvent à déjeuner ou à dîner. Les Syriens ont le cœur sur la main. Le peu qu'il leur reste, ils vous le donnent sans hésiter. Ensemble, nous passons des soirées inoubliables, défiant nos peurs et nos angoisses. Les jeunes nous égaient de leur présence, couvrant de leur chant le vacarme des combats… Nous essayons, vaille que vaille, de faire triompher la vie. Fût-ce dans un murmure.

Nourriture, médicaments, essence… On manque de tout. Je suis frappé de découvrir l'intimité de nos concitoyens, qui se démènent dans des conditions déplorables. Malgré la disette, beaucoup sont restés, déterminés à surmonter la tempête. Ils passent des journées entières sans électricité ni eau courante, soumis à un rationnement draconien. Et quand, sans crier gare, une conduite ou un générateur reprend du service, les voilà qui s'activent pour remplir leurs bidons, laver quelques vêtements, recharger téléphones portables et ordinateurs. Avant la prochaine coupure…

Les boutiques aussi ont baissé leurs rideaux. Dans les zones résidentielles, les combats ont fait fuir la majorité des habitants. Un paysage de désolation où les pillages succèdent aux combats. Tôt le matin, à l'heure où la ville dort encore, on voit ces cortèges de camions qui vont et viennent, chargés de portes, de fenêtres, de réfrigérateurs, de machines à laver… Personne n'ose les arrêter ni poser la moindre question. Leurs occupants sont armés jusqu'aux dents. Les habitants résignés les appellent « les bandits de l'aurore », ou « les détrousseurs de machines ».

Notre vie ne sera jamais plus comme avant. À partir d'avril 2012, nous en avons la conscience très nette. Nous tentons de faire face à cette nouvelle réalité en aidant au mieux des milliers de familles réfugiées dans les abris de fortune, qui pullulent dans les zones périphériques où règne une sécurité toute relative.

L'idée d'une grande chaîne d'entraide autour du centre Saint-Sauveur est née du simple geste d'un ami : un homme aisé, proche de notre communauté de Damas, où je me trouve en visite, me demande un jour si nous avons besoin de cadeaux pour les enfants de Homs. À peine ai-je acquiescé que notre bienfaiteur enfourne toute une cargaison d'œufs de Pâques en chocolat et de jouets dans le coffre de ma voiture. Je regagne Homs, riche de ces friandises et de ces cadeaux. Quelle joie d'envoyer nos jeunes volontaires frapper aux portes pour rassembler les enfants en vue d'une distribution improvisée ! Nous ne pouvons en rester là. Comment élargir l'aide aux parents, en ciblant les familles les plus démunies ? Nous commençons par leur apporter des vivres et des produits de première nécessité. Une bouffée d'oxygène. Peu à peu, un nombre croissant d'entre elles nous sollicite.

Le centre Saint-Sauveur est désormais reconnu comme un pôle humanitaire, ouvert à tous ceux qui en ont besoin. Nous essayons de venir en aide aux habitants du quartier, mais aussi à tous les déplacés. Après quelques mois, nous avons accompagné au moins 1 200 personnes, et identifié quelque 18 000 familles réfugiées autour de Homs, surtout dans la région de Wadi-al-Nasara (« la vallée des Chrétiens ») et à Kafroun et Mashta-al-Helou, à l'ouest de la ville. Cette tâche humanitaire se double d'une mission éducative, pour accompagner au mieux les enfants de la guerre, et promouvoir une culture de paix.

* *
*

Une lueur en enfer

C'est au début de l'année 2012 que le centre Saint-Sauveur commence à revivre sous une forme nouvelle. Ce lieu d'enseignement et d'activités pastorales devient un pôle d'entraide en s'appuyant sur le savoir-faire de tous nos formateurs, à présent sans emploi. Frans m'encourage à engager cette mutation, inaugurée par un programme pour les enfants. J'en parle autour de nous. Nous avons besoin de jeunes adultes pour constituer une équipe d'encadrement. Un soir, je réunis ceux qui sont encore présents dans le quartier. Une dizaine de volontaires, tout au plus. Et bientôt, deux couples d'anciens catéchètes se manifestent. J'ai croisé le premier à vélo il y a plusieurs jours. Cernée par les combats, leur maison est devenue inhabitable. Ils me racontent comment ils ont dû se terrer chez eux une semaine entière avec leurs deux enfants, tandis que les bombes ravageaient les alentours. Des moments de peur et d'angoisse terribles. Ils ont cru finir enterrés vivants. Sans hésiter, tous deux se consacrent à temps plein au projet, dont leurs enfants sont les premiers bénéficiaires. J'ai rencontré le second couple deux jours après. Toujours les mêmes souffrances, dépeintes avec des mots si tristement routiniers. Eux aussi cherchent un toit et un travail pour subvenir aux besoins de leur nouveau-né que je surnomme « l'enfant de l'espérance ». Il a vu le jour au lendemain d'une bataille abominable. Débordants d'enthousiasme, tous deux viennent étoffer nos rangs. Je recrute aussi des jeunes du coin, qui mobilisent à leur tour des amis réfugiés dans l'ouest du pays. Trois jours plus tard, deux d'entre eux regagnent Homs pour partager notre aventure !

Dans mes notes, je consigne ce cri silencieux, qui pourrait servir de manifeste à notre projet éducatif : « Il faudrait ouvrir une fenêtre de lumière dans le mur de la violence. » Une violence dont les principales victimes sont les enfants. Combien sont-ils, à errer dans les rues de Homs ? Des dizaines, des centaines peut-être. La ville est devenue leur terrain de jeu, leur école. Ils vont et viennent, à la merci des tirs et des explosions. Un jour, subitement, l'un de ces gamins des rues m'enjoint de me cacher derrière un muret pour échapper aux balles d'un sniper. Comme les autres, il est devenu expert dans l'art d'esquiver la mort. Malheureusement, il arrive que l'un d'eux soit fauché en bravant le danger. Au contact de ces enfants, nous mesurons à quel point la guerre a pu affecter leur développement. Quelque chose en eux est en train de changer. Il suffit d'observer leurs jeux. Le conflit y est omniprésent. Entre leurs mains, le moindre objet de bois se mue en arme. Nous constatons avec tristesse que les enfants ont intégré les mécanismes de la guerre, sournoisement enracinés en eux.

Alors que je décris ces comportements à une amie syrienne qui vit en France, elle me suggère de m'entretenir avec un homme qu'elle connaît en Suisse. Il pourrait, d'après elle, se révéler d'un précieux secours. À l'occasion d'un passage en Europe, je découvre que ce brave Syrien a été primé par l'ONU après avoir créé un jeu pour les enfants des pays en guerre. À l'en croire, c'est exactement ce qu'il faut pour nos protégés. Les règles sont simples. Elles consistent à diviser les enfants en différents groupes, incarnant des nations rivales. On leur distribue des passeports. Cette mise en scène sert de prétexte pour leur inculquer des rudiments de droit international. La méthode leur permet même de continuer à utiliser leurs armes factices, à condition de respecter certaines règles, liées au respect de la vie humaine. Un jour prochain, malheureusement, ils seront peut-être amenés à porter de vraies armes. Et il s'agit, très prosaïquement, de leur apprendre à ne pas en faire un usage irraisonné.

* *
*

Toutes ces réflexions et rencontres inspirent le projet pilote que nous mettons en place au couvent Saint-Sauveur, dans les quartiers d'Al-Nouzha et d'Al-Adawiya. Une longue discussion à cœur ouvert avec l'équipe fraîchement constituée permet d'en jeter les bases. Providentiellement, un père jésuite de Damas, directeur du Service jésuite des réfugiés, m'appelle le lendemain, décidé lui aussi à soutenir ces enfants traumatisés. Il nous incite à voir les choses en grand, et conditionne son aide à l'ambition du projet. Il souhaite nous voir accueillir au moins 60 à 100 inscrits. Mon Dieu ! Comment en rassembler autant, dans les conditions drastiques qui sont les nôtres ? Peu à peu, un projet se dessine. L'accueil aura lieu au couvent. Avec l'aide de nos jeunes animateurs, nous proposerons des activités scolaires — notamment des « cours de vie »[1] —, mais aussi culturelles : théâtre, musique… Et en toile de fond, un soutien psychologique. À mes yeux, l'espoir de paix renaîtra à travers les enfants. Il est de notre devoir de leur enseigner le respect de l'autre, l'ouverture…

Notre équipe sillonne le quartier pour recruter un maximum d'enfants, tandis que le centre est nettoyé de fond en comble afin de les recevoir. Des étudiants de l'université acceptent de venir donner des cours, selon leurs spécialités. Le Service jésuite des réfugiés nous livre du matériel. En une semaine, l'équipe est fin prête. Conscients de nos limites, nous décidons d'accueillir exclusivement les 6-11 ans. Une façon de nous mettre en chemin, de ne pas rester prostrés face à la violence qui grandit et infeste les consciences. C'est aussi un nouveau départ, voire une refondation pour notre centre. Créé à l'origine pour les chrétiens du quartier, il ouvre aujourd'hui grand ses portes à tous les Syriens, sans critère d'appartenance. Me reviennent en mémoire les images d'un film d'Elia Suleiman que j'aime beaucoup. Dans cette scène d'*Intervention divine*, sorti en 2002, une mère est en train de regarder la cocotte-minute qui bout sur la gazinière, tout en écoutant son fils ressasser des idées de vengeance : « Mon petit, l'interrompt-elle, cela suffit, j'en ai assez entendu, il est temps d'éteindre le gaz. » Cette façon si simple, et singulière à la fois, de souligner l'urgence de renoncer à la haine pour s'ouvrir à la non-violence, me bouleverse.

1. J'ai découvert ces « cours de vie » dans nos écoles jésuites d'Égypte, où j'ai passé plusieurs années. L'objectif est de transmettre aux enfants de différentes religions un même esprit civique, à travers de multiples activités.

* *
*

Rapidement, les enfants affluent. Je suis frappé de voir qu'ils sont issus de milieux si divers, tant religieusement que politiquement. Et voilà comment le centre Saint-Sauveur s'impose peu à peu comme un havre de réconciliation pour des parents de toutes confessions. Beaucoup, en effet, ne se parlent plus. Quelque chose entre eux s'est brisé. La guerre et la haine ont endurci les cœurs. Pas un salut, pas un sourire. Auraient-ils oublié qu'il y a quelques mois encore, tous étaient des voisins unis, des amis intimes ? Ici, nous exigeons qu'ils s'engagent, notamment pour surveiller les activités. Ils n'ont d'autre choix que de s'asseoir côte à côte, de se parler. Dès la première semaine, la jauge dépasse la barre symbolique des cent enfants. Un moins plus tard, ils sont 160 ! Nous sommes loin d'avoir le budget pour tant d'inscrits. Mais les refuser nous est impossible… C'est alors qu'une fois de plus, la Providence s'en mêle : en visite à Rome, j'ai la chance de m'entretenir avec notre père général jésuite. « Comment peut-on vous aider ? », m'interroge-t-il. Je lui décris l'immense défi éducatif posé par la guerre. Le père général adresse un signe discret à son économe, qui se tient au fond de la salle. Et quelques jours plus tard, j'ai la surprise de recevoir un chèque. Une somme importante. Quelle générosité de la part de la Compagnie ! Voilà notre dilemme financier résolu.

La solidarité jésuite n'a pas fini de nous porter. Peu après, c'est le directeur du JRS, le Service jésuite des réfugiés à Damas, qui m'invite à venir lui donner des nouvelles. Il tient une centaine de sacs remplis de fournitures à notre disposition ! Avec Georges, mon copilote, nous faisons le voyage en camion. Sur le chemin du retour, nous essuyons une panne qui nous oblige à rentrer de nuit, sur une route déserte. Dieu merci, sur les coups de 19 heures, nous arrivons sains et saufs au centre Saint-Sauveur. Nos volontaires nous attendent, morts d'inquiétude, à la porte. Nous passons la soirée à répartir ces fournitures entre nos 160 enfants. Le seul hic, c'est qu'il y en a juste assez pour cent ! Certains jours, nous aimerions pouvoir « multiplier les pains », comme Jésus le fait dans l'Évangile… Le lendemain, une soixantaine de sacs sont achetés. L'aventure commence !

* *
*

Un matin, je reçois la visite d'un homme, musicien de profession. Il me parle d'une famille de notre paroisse latine, originaire de Bab-al-Sibbah. Un couple avec cinq filles et un garçon. Ils ont dû fuir les bombardements. Et c'est dans le bureau de ce musicien, d'une superficie de 15 m^2, qu'ils survivent à présent. Immédiatement, je l'accompagne sur place. Quelle misère… Il faut le voir pour le croire. Les conditions de promiscuité sont insoutenables. Pas même une douche. Et soudain, je les reconnais : nous nous sommes déjà rencontrés, voici un an. C'était à Noël. Je me rendais chez l'un de leurs voisins, et m'étant trompé de porte, nous avions fait connaissance. Je ne m'attendais pas à les revoir. Dès le lendemain, avec l'aide de leur ami, je me démène pour leur louer un appartement comprenant trois chambres. Je remarque que leurs jumeaux, âgés de 12 ans, tournent en rond. Cela fait six mois qu'ils n'ont plus mis les pieds à l'école. Leur détresse m'incite à assouplir les conditions d'accès à notre centre. Désormais, Saint-Sauveur accueillera les adolescents de 12 à 16 ans. De nouveaux éducateurs sont recrutés. À commencer par les trois filles de cette famille, musiciennes et artistes talentueuses, qui nous seront d'un soutien précieux.

* *
*

Deux églises, situées dans d'autres quartiers, demandent à bénéficier de notre savoir-faire afin d'ouvrir elles aussi leurs portes aux enfants déplacés, en s'inspirant du même dispositif. Bientôt, 600 enfants sont accompagnés à Homs. Partout, nous sommes interpellés par le déni qui paralyse ces jeunes. Ils refusent de reconnaître leurs peurs. Nous savons pourtant, grâce au récit de leurs mères, que nombre d'entre eux ne parviennent plus à dormir seuls, signe de la gravité du traumatisme qui les affecte. Certains cas requièrent l'intervention d'un orthophoniste et d'un psychologue, pour aider l'enfant à surmonter ses difficultés de communication. Avec patience, nous essayons de les détourner de leurs jeux violents, en organisant des activités sportives.

Nous nous appuyons aussi sur un programme de l'Unesco, qui nous permet d'éveiller l'esprit critique des enfants, trop souvent conditionnés par les discours de haine et de division professés par leurs parents et leurs proches, ou même par les médias. Peu à peu, nous éduquons leur discernement. C'est indispensable pour les libérer des idées qui ne servent pas l'unité du cœur et la vie en commun.

Quand sœur Rita, l'une de nos trois religieuses, est de retour à Homs en juillet 2012, je la nomme aussitôt directrice de nos centres éducatifs, en lui confiant cette question sensible. Elle suit les enfants avec beaucoup de douceur et d'attention. Il nous arrive parfois de rencontrer des parents, quand les propos violents de leurs enfants nous questionnent. Souvent, ils les ont entendus chez eux. Un jour, Rita m'informe que deux élèves de confessions différentes refusent de se saluer. Pourtant, ils viennent du même quartier. Je suggère une partie de foot. En mélangeant les équipes. Au bout de quelques matchs, la magie opère. Les enfants ont oublié les discours des adultes. Ils sont devenus amis. L'emprise de la guerre s'éloigne. Avec Rita et les autres sœurs, nous décidons de rendre visite aux familles, pour les sensibiliser à ce problème délicat. Les enfants étant souvent confinés chez eux, ils se trouvent exposés aux images de guerre et de violence diffusées en boucle à la télévision, sur Internet… Ces reportages sont rarement objectifs, ou indifférents. Leur but est d'attiser la division, la haine, de désigner un ennemi, voire d'exhorter au meurtre. Qu'ils soient nationaux ou étrangers, les médias ne me semblent pas à la hauteur de la crise que nous traversons. Comme le dit si justement sœur Rita, nous sommes devant un double défi : éduquer les enfants à la paix, et les protéger raisonnablement de leur propre entourage. Il existe désormais onze centres de ce type, à Homs et dans la région.

Forts de ce succès, nous décidons, au début de l'année scolaire 2012-2013, d'aller plus loin en ajustant notre programme sur celui en vigueur dans les écoles de Syrie. Une tentative de sauver leur année scolaire. L'équipe enseignante bénéficie de renforts, tandis que l'expérience éducative des jésuites, qui n'est plus à prouver, permet d'affiner les programmes en tenant compte des besoins spécifiques de ces enfants fragilisés.

Outre le JRS, ce projet doit beaucoup aux mécènes privés, aux organisations non gouvernementales et ecclésiales qui l'ont rendu possible. Ces associations nous ont notamment envoyé les fournitures scolaires et des vêtements d'hiver pour les élèves. Une aide substantielle.

Notre mission se révèle ardue. Il s'agissait, pensions-nous, d'agir à une échelle limitée, pour une durée de trois mois. Nous imaginions naïvement que la guerre s'achèverait vite, et que les personnes déplacées rentreraient chez elles. L'ampleur des destructions et la situation critique des civils ont douché nos espoirs. Prendre en charge plus de 3 000 familles dans le besoin, et éduquer 2 000 enfants brisés par la guerre, est une charge indescriptible.

Le doute m'assaille parfois. Nos efforts suffiront-ils à soulager leurs souffrances ? Certes, nous n'avons pas réussi à réconcilier tous les adultes. Nous ne pouvons pas non plus recevoir tous les enfants des familles déplacées. Mais sans relâche, nous essayons d'ouvrir une fenêtre de lumière dans le mur de la violence… Si fragile soit-elle, cette lueur peut se répandre dans les cœurs et allumer de nouveaux foyers d'espérance.

* *
*

Le bonheur de l'œcuménisme

À Homs, les relations entre les jésuites et les autres communautés chrétiennes ont toujours coulé de source. Avant la guerre, déjà, nous accueillions des fidèles de toutes obédiences pour vivre les exercices spirituels de saint Ignace, marque de fabrique de la congrégation. Comme je l'ai mentionné au début de ce livre, le supérieur du couvent de Homs fait office de représentant local de la communauté latine. Le père Frans s'est toujours investi avec ardeur dans cette tâche, qui lui valait l'estime de tous. Sa qualité d'écoute était appréciée des hiérarques comme des laïcs.

Au cours du siège, emmuré dans la vieille ville, Frans m'a demandé de le suppléer auprès des autres responsables chrétiens, en me déléguant l'accompagnement des catholiques de rite latin. Nos registres et nos archives ont été transférés au centre Saint-Sauveur — avec une copie à Damas — au cas où le couvent de Boustan-Diwân serait ravagé par les flammes. À ce sujet, une anecdote troublante me revient en mémoire : début 2011, l'un de nos compagnons jésuites m'a rapporté avoir reçu un message alarmiste de la part d'une célèbre voyante syrienne : « Les églises de Homs vont être attaquées et pillées, mettez tout ce qui est précieux en lieu sûr ! » Sur le moment, ces prédictions nous ont fait sourire. L'histoire lui donnera tristement raison…

C'est à partir de 2012 que j'entreprends de fédérer les différents responsables des Églises de Homs en vue d'unifier notre travail social et humanitaire sous l'égide de Caritas Syrie, dont Frans était le responsable dans la ville. Cette année-là, les premiers paniers alimentaires peuvent être distribués, au bénéfice de toutes les communautés, comme nous l'avons vu précédemment. Je fais office d'intermédiaire avec Caritas Syrie, mais aussi avec Caritas MENA (*Middle East and North Africa*), basé au Liban. Mon rôle consiste à coordonner l'aide humanitaire, en relation étroite avec les prêtres et responsables chrétiens de Homs et des alentours. Notre comité de solidarité, lancé à Boustan-Diwân — puis transféré à Saint-Sauveur — date de la même période.

Des relations de confiance sont nouées avec les évêques et représentants chrétiens de tous horizons. Nos centres sociaux coopèrent étroitement. L'entrée en action du Service jésuite des réfugiés, dont je deviens le directeur de projet à Homs à partir d'avril 2012, permet d'élargir l'aide à davantage d'habitants, chrétiens et musulmans.

Des formations sont proposées aux volontaires et aux fidèles des différentes Églises et associations. En dépit de la violence ambiante, le climat de paix et de tolérance est saisissant au sein de nos instances. Peu à peu, nous sommes parvenus à unifier nos actions, pour le bien de tous.

Loin de moi l'idée de brosser un tableau idyllique ; nous avons eu notre lot d'obstacles et de frictions. Des bénéficiaires se plaignent parfois, manifestant des attentes démesurées, qui découragent plus d'un responsable. Comme il est difficile de satisfaire tout le monde !

Cela me rappelle une vieille histoire. Soucieux de mieux connaître l'âme de son peuple, un chef d'État arabe demande un jour à consulter les intentions de prière déposées par les fidèles dans une mosquée. Il est intrigué par les mots d'un homme pauvre qu'on lui a rapportés. Ce dernier demande à Dieu de lui envoyer 200 dinars, en prenant soin de laisser son nom et son adresse. Heureux de pouvoir se rendre utile, le président ordonne l'envoi de 100 dinars à cet homme dans le besoin, assortis d'une lettre officielle. Quelques jours plus tard, le même fidèle dépose une seconde lettre à la mosquée, en s'adressant une nouvelle fois à Dieu : « Pourquoi as-tu envoyé les 200 dinars à notre chef d'État, qui m'en a volé la moitié ? » Quand il l'apprend, le président éclate de rire et ordonne l'envoi de 100 dinars supplémentaires à ce pauvre homme.

Cette parabole éclaire ce que vivent les responsables religieux de Syrie. Les prêtres, les religieux et les religieuses doivent endosser des rôles dont ils ne maîtrisent pas tous les codes : organiser des levées de fonds, diriger des projets humanitaires et éducatifs, négocier des libérations d'otages, servir de médiateurs entre les deux camps… Dans ce chaos généralisé, ils ont parfois été l'ultime recours. Ils ont incarné l'espoir quand tout semblait perdu, le dernier rempart dans une société civile à genoux. Mais ils ont dû aussi essuyer des récriminations. J'entends encore l'exaspération de cet ami prêtre, venu me trouver dans mon bureau : « Ziad, je crois que je vais finir par quitter le pays ! Mes paroissiens n'arrêtent pas de râler, cela devient insupportable. » Aussitôt, je lui fis lire une lettre reçue d'un jésuite européen, qui venait de quitter l'Afrique après des années d'engagement : « Les demandes des pauvres m'écrasent. » Il ne supportait plus cette pression. On peut le comprendre. « Tu sais ce qu'on dit, ai-je continué avec conviction, c'est dans l'adversité que l'homme se montre le plus fort. » Mon ami s'est ressaisi. Et il est resté.

Moi-même, il m'arrive d'éprouver le même épuisement. Surtout le soir, quand je me retrouve enfin seul. Les gens me sollicitent en permanence, pour toutes sortes de choses. Mais que croient-ils ? Que j'ai un bâton magique, comme Moïse séparant les eaux de la mer Rouge ? Parfois, c'est une vraie souffrance. Si j'ai le malheur d'esquisser un « cette fois-ci, je ne peux pas », je deviens soudain leur pire ennemi, celui qu'on accuse de tous les maux. Un jour, c'est un couple de voisins qui me presse d'embaucher leur fille dans notre centre éducatif. Mais après un mois d'expérience, il faut nous rendre à l'évidence : ce travail ne lui correspond pas. Quand je recroise sa mère, elle m'apostrophe avec véhémence : « Vous avez transformé votre résidence en mosquée ! Qu'attendez-vous pour remplacer la croix par un croissant ? » D'autres personnes, n'ayant pu bénéficier de l'aide humanitaire, du fait de leur aisance, ne sont guère plus tendres à mon égard : « Nous savons bien pourquoi vous préférez aider les orthodoxes. Vous pratiquez le prosélytisme, comme les missionnaires de jadis, qui distribuaient des sacs de farine aux autres croyants pour les inciter à se convertir au catholicisme ! » Pour les sympathisants progouvernementaux, je suis un traître et un espion. Pour les partisans de l'opposition, un sale collaborateur des services de renseignement. Ces accusations farfelues pourraient prêter à sourire, si elles n'étaient aussi graves. Pour d'autres encore, nous sommes des diables déguisés en bons serviteurs…

* *
*

Dans ce contexte tendu, la coopération avec les autres Églises et associations musulmanes s'est imposée comme une évidence. Sans un tel élan, aurions-nous pu ouvrir onze centres voués à la réconciliation et à l'éducation à la paix, dans différents quartiers la ville, dans les villages alentours, et jusque dans la vallée des Chrétiens ? Je n'oublierai jamais ma première collaboration avec le père Fadel, un prêtre grec-orthodoxe, qui m'a proposé de l'aider à scolariser les enfants du village d'Alduir, à 8 kilomètres de Homs. Grâce à son courage et à son ouverture d'esprit, nous avons pu lancer aussi un projet dans le quartier d'Al-Waer, à l'ouest de Homs, qui a permis à 1 500 élèves musulmans et chrétiens de reprendre les cours, en transformant une grande église en construction en une école provisoire.

Un autre pari fou ? La réouverture en 2013 de l'école orthodoxe de Bab-al-Sibbah, qui avait fermé ses portes deux ans plus tôt, après des combats terribles. Je rêvais de lui redonner vie, pour rapprocher les cœurs. L'évêque grec-orthodoxe, un ami cher, soutiendra sans hésiter ce projet déraisonnable. La condition *sine qua non* est d'accueillir des élèves chrétiens et musulmans, à parts égales. Nous signons une convention pour deux ans. Une école grecque-orthodoxe, donc, mais appliquant notre méthode des « cours de vie » et nos principes pédagogiques jésuites. Bel exemple d'unité spirituelle ! Et quel bonheur de voir les enseignants dans leurs salles après deux ans de chômage ! En dépit des résistances, les parents nous ont fait confiance. Les petits chrétiens et les petits musulmans acceptent de se parler. La réconciliation commence par un simple pas…

Je pourrais aussi parler du projet éducatif mis en œuvre à Kafroun, non loin de Tartous, grâce à une amie de la communauté. Ou encore du collège inauguré dans l'urgence, et sans autorisation formelle, à Marmarita, dans la vallée des Chrétiens, à une soixantaine de kilomètres à l'ouest de Homs. Un défi relevé avec mon ami le père Saffi, religieux melkite de la congrégation des paulistes, que je connais depuis le petit séminaire de Damas. Dès 2011, nous avons pu scolariser près de 450 enfants, puis 700 après avoir recruté 45 enseignants. Tant que cela fut possible, j'ai assuré le suivi pédagogique de l'établissement, une journée par semaine.

Fort de ce succès, j'ai convaincu le père Saffi de fonder un centre humanitaire pour tous les civils des environs. Et bientôt, 3 000 familles ont pu recevoir un soutien régulier ! Le père Saffi est un religieux exceptionnel et un compagnon fidèle, dont le rayonnement a été décisif dans la région. Nous avons vécu maintes péripéties ensemble, pour importer des stocks de médicaments, des fournitures humanitaires ou des livres scolaires depuis le Liban. Ces allers-retours sur des routes dangereuses nous ont liés à jamais.

Cet œcuménisme de terrain, né dans les décombres de la Syrie, profite aux citoyens de toutes confessions. Au-delà des urgences quotidiennes, j'y vois le terreau d'une réconciliation future. La paix ne peut renaître qu'en vivant le pardon et le dialogue au quotidien. Nos paroles doivent être de celles qui donnent le fruit de la vie. En œuvrant pour la bonté et l'ouverture, nous comprenons qu'un autre bonheur est possible. Musulmans et chrétiens, nous croyons que la vie est plus forte que la mort, le chemin de la paix toujours plus vrai que celui de la haine.

En annonçant la bonne nouvelle, Jésus ne nous a pas exhortés à la méfiance, mais à nous aimer les uns les autres.

C'est ce que nous essayons de vivre.

* *
*

L'art de la cohabitation

Comme je l'ai indiqué au début de ce livre, le père Frans a fondé un domaine agricole à 27 kilomètres au sud de Homs, baptisé Al-Ared. L'idée lui est venue en 1981, au contact des jeunes engagés dans Al-Masir (« la marche »), un mouvement qui organisait avant la guerre des randonnées de deux à dix jours réunissant des Syriens de tous horizons pour découvrir les multiples cultures dont notre pays est façonné. Les participants confrontaient, dans un esprit de dialogue, leurs réflexions existentielles, morales, personnelles… Pour Frans, la différence enrichit le cœur de l'homme. Il considère que ce don doit être partagé par le plus grand nombre. Bien des jeunes ont appris à s'accepter et à accepter les autres grâce aux intuitions de Frans. J'ai moi-même eu la chance d'en faire l'expérience. Cela m'a beaucoup marqué.

Au fil des ans, certains participants ont désiré s'engager dans un projet de développement rural et social pour leur pays. Dans les années 1980, de plus en plus de jeunes Syriens fraîchement diplômés quittèrent les campagnes pour trouver du travail en ville. Là-bas, les emplois sont devenus rares, poussant nombre d'entre eux à émigrer. En 1992, ce double phénomène d'exode rural et d'émigration des jeunes a incité l'un de nos bienfaiteurs à faire don d'un terrain de 23 hectares à l'archevêché latin, pouvant servir d'assise au projet. Par la suite, d'autres parcelles seront acquises par le père Frans, portant la superficie totale du domaine à 52 hectares. Cette terre foisonne d'oliviers, d'amandiers, de cyprès et de pieds de vigne. Une activité diversifiée a pu s'y déployer, entre viticulture, accueil de personnes handicapées mentales, centre d'apprentissage et production de céramiques. Il fallait voir comment musulmans et chrétiens s'y engageaient main dans la main, pour le développement de leur pays.

* *
*

Le 9 avril 2012 au soir, Frans nous emmène à Al-Ared, à bord de cette Volkswagen qu'il aime tant conduire. Demain, nous fêterons ses 74 ans. S'ensuit une soirée mémorable avec une quarantaine d'amis, venus de toute la Syrie, de tous les mouvements. Beaucoup n'ont pas pu nous rejoindre, empêchés par les combats. L'ambiance n'en est pas moins festive, émaillée de pièces de théâtre, de chants et de danses. Frans est enchanté. Ses amis le raillent affectueusement, au gré de sketchs empreints de justesse et d'humour. Lui-même est d'humeur badine. Il se laisse porter sur les épaules des convives, en chantant à tue-tête, coiffé d'une couronne. Je suis loin de m'en douter, mais c'est le dernier anniversaire que j'ai la chance de célébrer avec lui. C'est aussi la dernière fois qu'il visite ce centre qu'il a fondé, et auquel il demeure très attaché.

En effet, des tensions sont apparues à Qousseir, à 9 kilomètres d'Al-Ared. Dans cette ville de 33 000 habitants coexistent une grande communauté musulmane et une importante communauté grecque-catholique. Les confrontations ont commencé le 21 mars 2011, avec des morts dans les deux camps, notamment quatre chrétiens d'une même famille. En janvier 2012, une quarantaine de chrétiens sont enlevés par des musulmans pendant plusieurs jours avant d'être relâchés. Le jour de l'enlèvement, le prêtre de Qousseir est venu chez nous, à Boustan-Diwân, pour demander à Frans de mener les négociations avec les ravisseurs, lui qui connaît si bien le cœur des villageois. Une semaine après, les jeunes sont libérés.

En février 2012, les confrontations provoquent l'exode de la plupart des chrétiens de la ville vers Damas, Homs, le Liban... Qousseir devient le triste symbole d'une confessionnalisation du conflit qui n'a pas eu cours ailleurs en Syrie. Une exception douloureuse pour nous tous. La haine et la méprise se répandent dans le cœur des habitants. Actes de représailles, enlèvements, disparitions... Entre le 10 février et le 20 avril 2012, une violente bataille entre l'armée gouvernementale et les rebelles accélère l'exode de la population civile.

Au domaine Al-Ared, nous tentons de garder de bonnes relations avec tous les voisins qui viennent travailler, ou prendre part à nos activités. Mais les heurts, dans les villages environnants, se font de plus en plus préoccupants. Le père Frans et le directeur du Service jésuite des réfugiés prennent l'initiative d'ouvrir le domaine aux civils — seulement les femmes et les enfants — à partir d'avril 2012.

Début février 2012, toutes les activités sont suspendues. Ne reste qu'une poignée d'ouvriers et de cadres, qui se relaient aux heures ouvrables. L'accès à Al-Ared est de plus en plus difficile. La région s'est hérissée de barrages. Sans autorisation, nos ouvriers sont refoulés. Cette violence pousse des centaines de femmes et d'enfants musulmans des villages alentour à s'installer dans notre centre, qui possède plusieurs bâtiments et des petites maisons pouvant accueillir jusqu'à 300 personnes. Une famille chrétienne de Qousseir, avec un enfant handicapé, fait partie des réfugiés. Depuis Damas, le JRS mobilise des volontaires pour apporter une aide aux déplacés, en coopération avec notre communauté de Homs. Première urgence : l'acheminement de vivres et de matériel, même si la route entre Damas et Al-Ared est fréquemment coupée. J'épaule de mon mieux leur travail. Les obstacles sont nombreux. La présence des familles passe mal aux barrages tenus par l'armée, où quelques agents bornés nous donnent du fil à retordre. Plus d'une fois, j'essuie de sévères critiques. On nous accuse de nourrir l'ennemi. Les militaires considèrent que les maris et pères de ces familles sont les adversaires qu'ils affrontent en ce moment. « Notre mission est strictement humanitaire, loin de la politique et du conflit, n'ai-je de cesse de rabâcher. Il en va de notre devoir d'aider ces femmes et ces enfants syriens, quelle que soit leur situation. » Quand je rapporte ces déconvenues à Frans, il m'encourage avec sa sagesse habituelle : « Ziad, dis-leur que chacun d'entre nous s'efforce d'accomplir son devoir. Ces soldats font le leur, en tenant leur poste. Nous accomplissons le nôtre, en aidant les familles. » Frans s'entretient avec le général commandant le secteur pour lui demander une permission spéciale, qu'il nous accorde. Cela nous évitera bien des malentendus.

L'équipe sur place se compose de deux femmes : Lara, une membre actif de l'équipe d'Al-Masir, qui accompagne les enfants et les femmes à travers des activités éducatives et artistiques, et madame Sara, notre voisine de Homs, qui supervise les repas et la propreté du centre. Ses conseils sont précieux pour toutes ces femmes issues d'un milieu rural très pauvre, et pour la plupart analphabètes.

Saeid et Pierre les rejoignent bientôt pour leur apporter leurs talents d'animateurs avec les enfants à travers le chant, le théâtre et le sport. Tout est bon pour faire oublier à ces derniers qu'ils ont dû abandonner leur école, leur maison, leurs jouets. Saeid et Pierre se font seconder de Samer, un autre jeune Homsiote d'une vingtaine d'années. Ce jeune vit une expérience déterminante à nos côtés, en s'ouvrant aux plus vulnérables. Lui qui n'avait fréquenté que son milieu universitaire et privilégié, pétri de préjugés… Il vit une révolution intérieure. Un autre miracle de la guerre !

L'intendant du domaine, les responsables des caves à vin, le directeur laïc du centre ainsi que le directeur du JRS passent une ou deux fois tous les quinze jours pour suivre le travail. Nous avons trouvé un nouvel équilibre. Les enfants semblent épanouis, prémunis de la violence qui règne à quelques mètres seulement…

Avec Georges, nous venons sur place plusieurs fois par semaine, chargés de vivres et de produits de première nécessité. Nous arrivons tôt le matin, de Damas ou de Homs, et repartons avant 15 heures. Il nous arrive aussi de conduire un enfant ou une femme à l'hôpital. Pour Lara, il n'est pas raisonnable de soigner les gens sur place. Un jour, nous prenons la route avec l'une de nos résidentes, qui doit recevoir des soins. Je ne suis pas rassuré : et si elle était arrêtée ? Dieu merci, nous atteignons l'hôpital. Je n'oublierai jamais la façon dont Lara l'étreint, à son retour, avec une émotion palpable. Tous vivent comme une seule et même famille, dans le respect mutuel et l'amitié.

Les familles resteront dans notre domaine jusqu'aux premiers jours de mai 2013. En concertation avec l'équipe du centre, nous prenons alors la décision douloureuse de cesser tout accueil. Dans la région, la violence devient effarante. Nous ne sommes plus en mesure de protéger nos hôtes. Il faut à tout prix les éloigner des combats. Il se murmure qu'une offensive de grande ampleur se prépare aux portes de Qousseir. Ces rumeurs précipitent l'évacuation d'Al-Ared. Bien sûr, nous sommes attristés. Mais nous n'avons pas le choix. Les mots me manquent pour décrire les adieux déchirants des familles, des enfants... Le 25 mai 2013 éclate une bataille effroyable à Qousseir. Un accord conclu entre les deux camps a permis aux habitants du centre de s'extirper des combats, pour rejoindre la région de Yabroud ou le Liban voisin. Une seule famille reste à nos côtés, celle de Safaa, avec sa mère et son frère, qui s'installent à Homs, dans un appartement proche de notre centre d'accueil pour handicapés. Safaa devient l'une de nos assistantes, tandis que son frère est accueilli avec les autres personnes.

Fin mai, je suis de retour au centre avec Georges, Samer, et un ami prêtre. Après ces jours de furie, un état des lieux s'impose. Un obus a détruit un coin du bâtiment principal, mais dans l'ensemble, tout paraît à sa place. Redoutant qu'Al-Ared soit visité tôt ou tard, nous effectuons plusieurs allers-retours jusqu'à Homs, pour mettre à l'abri nos biens les plus essentiels. Les objets les plus lourds sont transportés jusqu'au village voisin, à 5 kilomètres de là, dans la maison de famille d'un ami prêtre. Mais nous suspendons les opérations pendant une semaine, en apprenant que la route principale a été minée. L'un de nos amis nous appelle, catastrophé : il l'a vu de ses propres yeux, les affaires du centre sont revendues sur les marchés locaux ! Pour la deuxième fois depuis le début du conflit, Al-Ared a été pillé. Ni une, ni deux, je m'élance avec Georges et notre ami prêtre jusqu'au domaine. Quelle désolation : on nous a tout volé. Les portes, les fenêtres, les lampes… Il ne reste que les murs. Direction la cave. Là aussi, toutes nos machines agricoles et nos cuves à vin ont disparu. Ce qu'ils n'ont pas pu emporter, les voyous l'ont saccagé, comme l'imposant réfrigérateur et les réservoirs les plus monumentaux. Déchirante fin, pour Al-Ared, qui fut une oasis d'accueil, un lieu d'entraide et de fraternité ouvert à tous les Syriens…

Je tourne les talons, assombri et furieux. Comment vais-je l'annoncer à Frans ? Cette nouvelle va le désespérer, c'est certain. Il avait mis tellement de lui-même dans cette utopie sociale… Mais une fois encore, sa hauteur de vue me prend de court : « Ziad, ne t'inquiète pas ! Nous allons tout reconstruire. » Puis il me raconte l'histoire d'un jésuite néerlandais, qui avait fondé au Liban un grand centre social. Ce dernier fut entièrement détruit dans les années 1980, au cours de la guerre civile qui a ravagé le pays du Cèdre. Le jésuite a été envoyé en mission en Afrique, où il a fondé un centre encore plus important ! Frans ne regrette rien. Il n'y a aucune amertume dans sa voix, aucun ressentiment. En l'écoutant, je m'apaise peu à peu. « Tu sais, Ziad, continue Frans, il existe en chaque homme une source d'eau vive qui, lorsqu'elle jaillit, irrigue toute chose. C'est l'amour de Dieu. Cet amour doit aller le plus loin possible, vers l'autre, qu'il nous ressemble ou non. »

En dépit du pillage du centre, le travail agricole se poursuit. Conscients que la situation reste éminemment précaire, nous missionnons un ami, originaire d'un village voisin, pour superviser le travail et assurer une présence permanente sur le site. Il est urgent de sauver les vendanges. Nous demandons aux jeunes de la paroisse voisine de venir récolter les grappes de raisin. Si elles restent sur les pieds de vigne, cela pourrait les tuer. De même, les olives sont cueillies. Pour encourager nos jeunes volontaires, je propose au prêtre de vendre les récoltes au profit des personnes vulnérables et des œuvres de la paroisse. Une façon de continuer à épauler nos frères des campagnes, fidèles à la vocation de notre domaine. « Il y a plus de bonheur à donner qu'à recevoir », nous dit saint Paul. Désorienté par ce conflit sans fin, je m'efforce de garder le cap de l'Évangile…

* *
*

Sauver les cœurs purs

Avant la guerre, nous animions deux centres dédiés à l'accueil de personnes handicapées. Situé à quelques pas de notre couvent de Boustan-Diwân, le premier de ces lieux, « le Sénevé », a connu de belles heures sous la houlette des religieuses des Saints-Cœurs. De nombreuses familles de Homs nous confiaient leurs jeunes atteints de déficiences mentales dans le cadre d'un accueil de jour. À l'étroit dans les locaux, les enfants handicapés investissaient souvent notre cour, où ils s'adonnaient à toutes sortes de jeux, exercices de motricité, etc. Nous cultivions d'excellentes relations avec eux. L'enjouement de leur présence rayonnait sur la communauté, autant que sur nos visiteurs. Peu à peu, j'ai appris à admirer ces êtres étonnants. Sœur Anne, leur responsable, nous consultait parfois, Frans et moi, pour nous faire part de ses réflexions.

Le second centre, intégré à notre domaine Al-Ared, c'est Frans lui-même qui l'avait fondé avec l'aide d'une poignée d'amis de la communauté. Notre projet pédagogique consistait à accueillir des personnes handicapées des villages avoisinants pour leur enseigner les rudiments du métier d'agriculteur. Frans avait le chic pour entrer en relation avec ces personnes, assoiffées qu'elles étaient d'amitié et de considération. J'aimais l'accompagner dans ses visites ; je me sentais privilégié.

Au Sénevé comme à Al-Ared, des enfants de toutes confessions ont pu recevoir une éducation adaptée, qu'ils soient trisomiques, autistes ou atteints d'autres pathologies. Notre enseignement ne visait pas seulement à développer leurs capacités. Il s'agissait aussi, à plus long terme, de favoriser leur insertion au sein de la société syrienne.

Le financement de ces deux centres reposait sur un collectif de fondations et de structures humanitaires et, dans une moindre mesure, sur une modeste contribution annuelle des familles. Une association française de développement, notamment, nous avait alloué une aide décisive en 2010 et 2011. Grâce à ce soutien de poids, nous avons pu acquérir du matériel adapté, et accueillir des intervenants français pour former nos assistants et nos assistantes.

* *
*

À partir de novembre 2011, à cause de la violence qui déferlait sur notre quartier, nous avons dû nous résoudre à fermer le Sénevé. Les parents n'osaient plus y envoyer leurs enfants. Quelque temps après, la fermeture du centre Al-Ared a suivi. Les assistants cessèrent leur travail. L'association rappela les deux salariés français qu'elle venait de dépêcher dans son antenne locale, fraîchement implantée à Homs. Des années d'efforts pour rien. En quelques semaines, tout s'est effondré…

Déserté, le Sénevé a subi d'irrémédiables dommages avant d'être pillé. Comme le centre Al-Ared. C'est un fait méconnu, mais je tiens à l'affirmer haut et fort : les personnes les plus touchées par la guerre en Syrie furent sans conteste celles souffrant de déficiences mentales. Le conflit a cruellement pesé sur leur vulnérabilité et leurs besoins. Face à cela, le père Frans se sentait de plus en plus démuni, rongé par l'inquiétude. Seul Hussam, âgé d'une trentaine d'années, continuait de nous rendre visite. Frans l'appréciait beaucoup. Atteint d'un retard mental, il a grandi tout près de notre couvent de Boustan-Diwân, où Frans l'a toujours accueilli avec prévenance, n'hésitant pas à le prendre sous son aile lors de ses tournées à Al-Ared. C'est Frans qui lui a appris à parler, à s'exprimer. Il lui a permis d'être accepté comme il est. Pilier infatigable de notre vie liturgique, il assurait la quête dominicale, siégeant volontiers dans le chœur, à la gauche du célébrant. Lors de nos retraites spirituelles aussi, nous pouvions compter sur ses menus services, et sa présence joyeuse. Hélas, un jour de février 2012, Hussam a fui avec sa mère vers les montagnes de l'Ouest. Frans ne l'a jamais revu. Une raison supplémentaire, s'il en fallait, de nous ingénier à soutenir ces êtres ô combien vulnérables.

* *
*

Je n'oublierai jamais ce jour d'avril 2012. L'une de nos éducatrices me révèle qu'elle a rencontré un jeune handicapé, auparavant accueilli dans l'un de nos centres. « Depuis sa fermeture, déplore-t-elle, il reste prisonnier chez lui. » Ses parents tremblent à l'idée de le laisser franchir le pas de la porte, redoutant de l'exposer à la violence. Il existe un motif légitime de couver ces enfants-là, plus encore que les autres. On m'a rapporté il y a peu qu'un jeune handicapé s'est trompé de chemin en arpentant les rues de son quartier. Il est entré par mégarde dans une zone de combats, où un tireur a fait feu sur lui. Le jeune homme, atteint d'une balle, s'est écroulé. Personne n'a osé ramasser son corps. Il est resté au sol pendant trois jours. Il a fallu que des voisins lancent une corde pour tirer sa dépouille afin de la remettre à ses parents. Depuis cette effroyable histoire, les familles avec des enfants handicapés ont redoublé de prudence.

Quelques jours plus tard, une autre femme vient nous trouver, en quête d'un emploi. Son mari a été enlevé. Est-il vivant ? Elle n'en sait rien. Avec deux enfants à charge, elle n'a d'autre choix que de se retrousser les manches. J'ai connu cette dame à l'époque où elle travaillait auprès des enfants handicapés de notre centre Al-Ared. Elle a dû, depuis, fuir son village, devenu le théâtre d'insoutenables violences. Ému par son récit, je me décide à étudier de plus près le fonctionnement de nos institutions, et leur montage financier, n'ayant pas eu l'occasion d'y travailler moi-même. Je suis très surpris de voir tant de nos anciennes salariées, des femmes de valeur, en voie de précarisation, faute de revenus. Comme je l'écrivais plus haut, j'ai découvert que nous étions en grande partie financés par une association française. Celle-ci a dû geler ses fonds et interrompre ses actions à Homs, mais elle semble toujours active à Damas. Je m'y rends aussitôt, afin d'interpeller leur responsable sur place. Là-bas, je retrouve Élise, une jeune Française, aussi clairvoyante qu'affable. Nous nous étions déjà entrevus : elle faisait partie de ceux qui avaient formé nos éducateurs, et mis sur pied l'antenne locale de l'association à Homs. Élise me confie qu'elle n'a pas le pouvoir de prendre, seule, de décision financière en faveur de nos centres. Il convient d'en référer à son responsable à Paris. J'ai le plaisir de voir que l'association demeure active à Damas. Pour l'heure, les combats épargnent la capitale. Nous ignorons encore que les deux centres damascènes seront, deux ans plus tard, rattrapés à leur tour par le chaos et que l'association devra, là aussi, cesser tout accueil…

Début mai 2012, je profite d'un voyage à Rome pour faire un crochet par Paris, et rencontrer Jean, le quadra chaleureux et pétillant qui pilote l'association. Comme Élise, je l'ai déjà entraperçu dans notre couvent de Homs. Seul ou en famille, il venait assister à nos célébrations, en marge de ses visites au sein de nos centres et dans son bureau local. Nous voilà donc attablés autour d'un café, dans le 14e arrondissement de Paris. Jean se montre très attentif, touché par ce qu'il advient de Homs. Il m'explique avoir gelé les fonds parce que personne, depuis la fermeture des deux centres, ne l'a plus contacté. Au point qu'il se demandait s'il restait des familles dans la ville ! Les médias, malheureusement, ont diffusé l'information selon laquelle Homs ne serait plus qu'une cité fantôme. Ce qui est faux, et par mon témoignage aujourd'hui, je veux le démontrer ! Nous avons continué à nous démener, comme nous le pouvions. Certes moins nombreux. Mais bien vivants… Jean ignorait tout cela. Je lui dépeins le quotidien de tous ces éducateurs et éducatrices, qui survivent misérablement. Il me semble injuste de ne pas continuer à leur verser leurs salaires tant que dure cette guerre, qu'ils subissent comme les autres. J'admets sans peine que les statuts de l'association ne lui permettent pas de poursuivre son œuvre dans un pays en guerre, mais il est urgent d'aider ces personnes. Jean est sensible à ces arguments. Et c'est porteur d'une bonne nouvelle que je rentre à Homs, quelques jours plus tard. L'association va nous aider à rétribuer nos éducateurs encore présents en ville, en attendant que la paix soit rétablie.

À mon retour, une ancienne éducatrice, Sawsan, qui travaille désormais avec l'équipe de Saint-Sauveur, me suggère d'y accueillir des enfants handicapés, même si ce centre n'est pas conçu pour cette mission. « En connais-tu autour de nous ? » lui ai-je demandé, avec étonnement. « Et comment ! » Très vite, nous décidons de lancer ce projet fou. Sawsan en prend les rênes, forte de son expérience auprès de sœur Anne, avant la guerre. Avec une efficacité stupéfiante, elle met sur pied un dispositif, bat le rappel auprès du personnel encore dans les parages. Tous sont ravis de reprendre du service. Le 15 mai 2012, un lieu d'accueil rouvre ses portes dans notre centre d'Al-Nouzha. J'ose à peine y croire ! Au départ, il n'y a que deux enfants et quatre assistants. Mais très vite, les activités prennent de l'essor. Et ce sont bientôt quinze enfants et dix assistants qui donnent corps à ce rêve éveillé, alors qu'autour la guerre fait rage. Nous avons pu sauver l'équipement de nos anciens centres. Frans est ravi. Au cours de sa vie, il n'a pas ménagé sa peine pour protéger les personnes handicapées et les rendre heureuses.

En juillet 2012, sœur Anne est de retour à Homs. Elle tient à s'engager auprès de Sawsan. Grâce à ses efforts, le nouveau centre accueille bientôt 67 enfants et 25 assistants. Début 2014, ce sont trois autres lieux qui permettent d'accueillir 85 enfants, sous tutelle du centre Saint-Sauveur. Le premier naît d'une sollicitation d'un ami prêtre grec-orthodoxe, dans le quartier d'Al-Mahatta. L'une de ses paroissiennes, réfugiée aux États-Unis, consent à lui remettre les clés de sa maison, pour y mener un projet humanitaire. Avec sœur Anne, nous nous y rendons. Moyennant quelques aménagements, cette demeure cossue sera idéale pour les enfants ! Le deuxième centre est créé à la demande d'un prêtre maronite, qui a lui aussi déniché une vaste habitation dans l'est de Homs, dans le quartier d'Al-Arman. Là-bas aussi, les besoins des enfants handicapés sont criants.

Le dernier centre voit le jour dans un village situé à 30 kilomètres au sud de Homs. C'est un ami prêtre, lui aussi grec-orthodoxe, qui nous sollicite, démuni face à l'ampleur de la tâche. Il a dans l'idée de demander à Abed Al Massih Attieh, cet ami du père Frans, cofondateur du domaine Al-Ared, dont nous avons déjà parlé, de lui céder sa résidence secondaire, inoccupée depuis tant d'années. Hasard ou providence, ce grand ami des jésuites, issu d'une famille fortunée, est originaire du même village ! J'appelle aussitôt son fils, qui habite Damas. Sans hésitation, il nous la concède pour deux ans.

À travers ces fondations successives, notre objectif est de continuer à accueillir les enfants et les jeunes handicapés en dépit des conditions de sécurité très dégradées. Nous avons aussi la volonté de sensibiliser les parents afin qu'ils puissent veiller au mieux sur leurs enfants, en tenant compte de leurs besoins particuliers. Tous nos centres appliquent le même programme pédagogique établi par notre coordinatrice. Chaque enfant bénéficie d'un suivi personnalisé. Les programmes s'articulent autour du travail intellectuel, de l'apprentissage des gestes de la vie quotidienne et du développement des talents, à grand renfort d'ateliers théâtre et musique. Et, bien entendu, un accompagnement psychologique régulier est mis en œuvre, avec séances d'orthophonie hebdomadaires. Quant aux éducateurs, une formation continue leur est dispensée. Nous visons l'excellence.

La guerre, par un renversement inespéré, suscite un miracle dont nous n'aurions osé rêver auparavant : l'inclusion des enfants handicapés au cœur de nos écoles, parmi les autres élèves. Nos deux projets éducatifs, au profit des enfants déscolarisés et des enfants handicapés, sont implantés dans les mêmes locaux. Si bien que les petits se rencontrent, jouent ensemble lors des temps de récréation…

* *
*

Courant 2014, Jean, le directeur de l'association française qui nous finance, me téléphone. La nouvelle qu'il m'annonce, dépité à l'autre bout du fil, ne me surprend guère. La violence est telle en Syrie que leur bureau a pris la décision d'y suspendre toutes ses actions. Je n'ai pas assez de mots pour le remercier. Il a tant fait pour nous. Jusqu'au bout. Jean me conseille d'entrer en contact avec d'autres fondations pour pérenniser nos œuvres. L'une d'elles est présente au Liban. Avec sœur Anne, nous nous y rendons aussitôt. De fil en aiguille, de nouvelles associations nous apportent un soutien décisif, permettant à ce petit miracle de perdurer. Jusqu'à aujourd'hui !

« Ne vous laissez pas voler l'espoir. » Cette injonction du pape François trouve un écho brûlant en moi. « C'est que nous devons essayer de vivre, coûte que coûte », dis-je un jour à sœur Anne, alors que nous traversons une mauvaise passe. Elle non plus n'a jamais baissé les bras. Bien sûr, nous ressentons la souffrance de nos concitoyens, leur désespoir parfois. Bien sûr, nous mesurons les limites de l'aide que nous sommes en mesure de leur apporter. Mais il en va de l'authenticité de notre témoignage que d'ouvrir nos églises, nos couvents et nos cœurs à chaque personne, afin de vivre en solidarité avec notre peuple. « L'Église est tout ce qui nous reste aujourd'hui, sans vous, nous aurions sombré dans un océan de désespoir et d'enfer spirituel », nous confie un père de famille, à l'image de tant d'autres. En ces heures critiques, notre provincial nous adresse une lettre vibrante, pour nous encourager à tenir bon : « Notre rôle, en tant qu'Église, est de pousser les gens à rester ouverts à l'espérance, qui ne devrait jamais être abandonnée, si insupportables que soient les circonstances. »

* *
*

Le poids des disparitions

Notre comité de réconciliation se réunit sans relâche à partir de 2011. Composé de représentants religieux et laïcs issus des communautés sunnite, alaouite et chrétienne, il a pour mission de négocier les libérations d'otages. Il y en aurait autour de cinq cents à Homs. Avec la parole pour seule arme, nous tentons de trouver un terrain d'entente entre les différents camps, pour sortir de la spirale de la vengeance et du ressentiment. La demande de rançon n'est pas forcément le principal obstacle que nous rencontrons… Parmi les otages, 380 alaouites et 9 chrétiens seraient aux mains des sunnites, dont une centaine sont prisonniers des alaouites. D'autres disparitions n'ont jamais été revendiquées.

Début mai 2012, après huit heures d'âpres négociations, nous arrachons un accord inespéré : la décision est prise de relâcher tout le monde. Une liste précise est établie. Hélas, de violents combats ont éclaté, balayant tout espoir de libération pour ces otages. Seules deux femmes, une chrétienne et une musulmane avec son bébé, sont relâchées. Cet échec me surprend. Nous étions si près du but. Les intermédiaires se connaissaient de longue date. Imaginez qu'avant la guerre, tous ces hommes commerçaient entre eux, certains étaient même voisins… Après nos séances de négociations, il n'est pas rare qu'ils s'embrassent chaleureusement, partagent le repas ensemble. Mais une fois rentrés dans leur camp, ils se retranchent derrière leurs postures accusatrices. Une véritable schizophrénie est à l'œuvre…

Le poids des disparus est si douloureux à porter, pour les familles. Sont-ils vivants, morts ? Fin 2011, je me souviens avoir reçu deux familles chrétiennes dont les pères ont été enlevés par des rebelles à Al-Safsafeh. Pour ces personnes, il ne fait pas de doute qu'ils sont morts. Une semaine après, coup de théâtre : j'apprends qu'ils sont détenus dans le nord de la ville. Quelle épreuve, pour les proches… Un jour, c'est le chauffeur de notre centre pour personnes handicapées qui disparaît au beau milieu de la journée. Le lendemain, deux frères chrétiens qui sont enlevés dans leur village par des sunnites, quand ce n'est pas le mari d'une assistante sociale de notre équipe qui disparaît dans le nord de Homs… Je me souviens aussi de ces deux amis très proches de notre communauté, dont on n'a plus jamais entendu parler. Chaque disparition aggrave un drame humanitaire sans issue… Le père Frans était présent lors de notre dernière rencontre, fin mai.

Mais depuis le 1er juin 2012, je n'ai pas pu le revoir : j'ai bien tenté, à plusieurs reprises, de le rejoindre dans la vieille ville, avec l'aide d'un autre prêtre catholique. Sans succès. Chaque tentative peut tourner à l'opération suicide, tant les bombardements sont intensifs. Sans compter les tireurs embusqués…. Dans notre ville assiégée, ils font figure d'anges de la mort.

Un jour, Frans me suggère de tenter ma chance par le chemin de l'est. Avec Georges, nous nous mettons en route. Aux portes de la vieille ville, nous tombons sur un barrage tenu par l'armée.

– Halte là. Où allez-vous ?
– Boustan-Diwân.
– Libre à vous. Mais nous ne pourrons plus rien pour vous, quand vous serez de l'autre côté.
– Comment ça ?
– Au-delà de ce poste, ça tire à vue.
– Des snipers ?
– Oui. Je serais vous, je ne m'y risquerais pas.

La mise en garde du militaire nous glace le sang. Avec Georges, nous renonçons à passer. Le minibus qui nous suivait tente de franchir le checkpoint. Presque aussi sec, deux balles le frappent de plein fouet, obligeant son chauffeur à faire machine arrière, sérieusement échaudé. Plus de peur que de mal pour lui. J'appelle Frans pour lui transmettre ces nouvelles. « Ne viens pas, tranche-t-il, ça n'en vaut pas la peine. » D'autant que les destructions, dans la vieille ville, sont telles que même un banal trajet à pied tient de la course d'embûches. Frans me décrit un paysage de ruines branlantes, de gravats et de poussière. « Tu ne reconnaîtrais rien. » Je comprends, tandis qu'il me parle, que le cœur historique de Homs est désormais coupé des autres quartiers de la ville, et qu'il ne sera pas possible d'y accéder avant longtemps.

À compter de ce jour, je dois me contenter d'un point téléphonique quotidien avec Paul, le jeune homme auquel Frans a délégué sa communication. En général, nous parvenons à nous joindre le soir. Pour capter le réseau cellulaire, il faut monter sur le toit du couvent. Et Frans n'aime guère ce genre d'acrobatie, pas plus qu'il ne s'éternise dans la rue, conscient des dangers que présentent l'une et l'autre situation.

L'enclavement d'une partie de la population devient préoccupant. À la fin de la troisième semaine de juin, avec d'autres représentants des Églises orthodoxes et catholiques, en lien avec les délégations des Nations Unies et de la Croix-Rouge, nous tentons d'évacuer les habitants pris au piège. En vain. Les belligérants nous avaient promis un cessez-le-feu. Quelques heures d'accalmie, censées permettre le passage des civils. Mais les combats, en ce début d'été, s'enchaînent sans répit.

Notre principale difficulté consiste à pourvoir aux besoins quotidiens des 25 personnes qui habitent notre couvent, et de tous ceux qui s'y présentent pour une aide ponctuelle. Certaines rues sont barrées. Et dehors, il s'agit d'être discret. Plus d'une fois, je m'échine à négocier avec la Croix-Rouge ou le Croissant-Rouge pour relancer l'envoi des médicaments et de la nourriture, mais sans y parvenir. Quand je pense que nous avons perdu des journées entières, dans un hôtel de Homs, à disserter vainement de ce dispositif… Mais Paul semble confiant, lui. Les derniers colis que nous leur avons transmis, fin mai, devraient leur permettre de tenir quelques mois.

* *
*

Début juin, dans notre quartier d'Al-Nouzha, le tableau n'est guère plus réjouissant. Bombardements, tirs croisés… Telle est notre triste routine. Ce jour-là cependant les choses semblent différentes. Quand les obus ont commencé à tomber, les religieuses étaient plus soucieuses qu'à l'accoutumée. Ce n'est pourtant pas la première fois que nous subissions un pilonnage en règle.

Mais elles ont bien perçu la réalité de la situation : aujourd'hui, il y aura des blessés parmi les enfants. Jusqu'ici aucun d'entre eux n'a jamais été blessé dans l'enceinte du centre, considéré par les familles comme un refuge, un lieu sûr pour les plus jeunes. Devant la violence des explosions, nous jugeons plus prudent que les enfants restent chez eux. Ce qui ne les protège pas davantage, j'en conviens. Et ce qui devait arriver arrive : rompus aux usages de la guerre, les enfants ont bravé les bombardements pour jouer dans la rue, comme si de rien n'était. C'est alors que plusieurs obus tombent à 300 mètres du centre, fauchant trois petits. Elie, 8 ans, a été transféré d'urgence à l'hôpital, où il a subi deux interventions chirurgicales. Samira, 6 ans, a reçu plusieurs éclats et s'est cassé la jambe. Ses jours ne sont pas en danger. Quant à Sandy, 7 ans, de multiples fragments de métal ont criblé son corps, sans qu'aucune partie vitale soit touchée. Avec d'autres responsables, nous nous en voulons terriblement de ne pas les avoir gardés au centre.

Le soir même, je me rends à leur chevet, entouré de quelques éducateurs. Les deux fillettes se portent bien. Mais pas le petit Elie. Deux éclats ont perforé l'un de ses reins. Son père est là, un grand gaillard brun, qui semble un peu perdu. Je le réconforte comme je peux. Les médecins se montrent rassurants. Le garçonnet sera sur pied dans quelques jours. Un traitement plus long sera nécessaire avant sa guérison complète. Quand j'apprends qu'Elie a quitté l'hôpital, je m'empresse d'aller le retrouver : « Dis donc, Elie, quand les obus sont tombés, il paraît que tu as bondi comme Superman ! Nous avons de la chance de te connaître. Dorénavant, c'est toi le super héros officiel de notre centre ! » Quelle joie d'entendre, de la bouche des médecins, que le plus dur est passé, au point qu'ils suggèrent à ses parents de lui faire reprendre une vie normale, y compris les cours de sport. Trois ans plus tard, je recroiserai Elie dans notre centre, à la faveur d'une partie de baseball. Son père est avec lui. Il a beau avoir grandi, je le reconnais immédiatement. Les traits, le regard... Certaines constantes, dans l'expression d'un visage, ne trompent pas, même après le passage du temps. Une émotion intense m'envahit.

Et je me souviens qu'en cette journée, à Homs, un autre enfant n'avait pas eu la chance d'Elie. Il avait 8 ans et il est mort sur le coup.

* *
*

Le 14 juin, la bataille atteint une férocité inouïe. L'après-midi, et plus encore, le soir. Dans le quartier, les dégâts sont incommensurables : plusieurs maisons et boutiques ravagées. Et des victimes. Cinq chrétiens, proches de notre paroisse, ont perdu la vie alors qu'ils étaient chez eux ou circulaient dans la rue. Ephram, l'un de nos collaborateurs syriaques orthodoxes, a été sévèrement touché. Plusieurs opérations sont tentées. Mais il meurt. Un moment très douloureux pour nous tous. Ephram était le bras droit du prêtre syriaque du quartier. C'est grâce à lui que nous avons pu être introduits auprès de cette communauté, pour lui apporter une aide humanitaire. Tant de fois, quand nous préparions les tournées de distribution, il s'est invité à nos côtés, pour nous prêter main-forte. Nous sommes dévastés. C'est la première fois que nous perdons quelqu'un d'aussi proche.

Jusqu'au dernier moment, j'ai cru qu'il s'en sortirait. Sur son lit d'hôpital, ce fanfaron d'Ephram me gratifiait de blagues toujours bien troussées, regard alerte et sourire immuable aux lèvres. Quand on m'a appris sa mort, le sol s'est dérobé sous mes pieds. Il me faudra bien trois mois pour admettre sa disparition. Chaque fois que je passe devant l'église syriaque, je suis à deux doigts de pousser la porte pour aller le saluer. Quel déchirement d'être séparé aussi brutalement de ceux avec qui nous avons traversé tant de moments de joie et de souffrance !

* *

*

La vierge bienveillante

À Bab-al-Sibbah, le quotidien est très rude aussi. Le 15 juin 2012, mon téléphone sonne. C'est Thérèse, paroissienne de notre église Notre-Dame, située à 500 mètres de celle d'Al-Nouzha, Saint-Sauveur, et à 400 de notre couvent de la vieille ville. « Ziad, tu dois venir, insiste-t-elle. Il faut que tu voies de tes propres yeux ce qui est arrivé, et que nous sauvions ce qui peut encore être sauvé. » Je me rue jusqu'à Notre-Dame, oubliant dans ma précipitation d'enfiler mes chaussures. Arrivé sur place, chaussé d'une simple paire de claquettes, je découvre une scène effroyable.

Pour la troisième fois, l'église a essuyé de gros dégâts[1]. Toiture, éclairage, vitraux, icônes : l'obus n'a rien épargné. Thérèse me raconte ce qu'ils ont enduré au cours des trois derniers mois, en particulier entre le 26 et le 31 mai, quand l'armée gouvernementale a repris le quartier aux mains des rebelles.

Thérèse m'invite chez elle. Depuis la mort de sa mère, cette jeune célibataire veille sur son père malade.

Elle s'est efforcée de le servir et de le protéger. Avec l'aide de son frère, Thérèse a calfeutré les fenêtres et les portes, empilé des sacs

1. J'ai déjà mentionné que, le 25 mars, son toit avait été éventré.

de sable. Elle a stocké des vivres et de l'eau potable, dans un recoin de l'appartement. Thérèse est de celles à qui nous adressions des colis. Elle avait là de quoi résister un mois. Peut-être deux.

Admiratif de sa fidélité et de son dévouement, le père Frans la surnommait affectueusement « la vierge de Bab-al-Sibbah ». L'intéressée éclatait de rire chaque fois qu'il s'adressait à elle en ces termes.

Pour ma part, je n'ai jamais été très rassuré de la savoir dans une zone si imprévisible. Je lui ai déjà proposé de partir dans la montagne. Pour sa sécurité, pour celle de son père et de son frère. Mais elle est obstinée, Thérèse. Elle a toujours écarté cette hypothèse. Quitter son appartement, son immeuble ? Sans façon. Et pour aller où ? Si c'est pour être cambriolés… Non merci ! Thérèse ne sait que trop ce qu'il advient des logements abandonnés. Ils finissent infailliblement aux mains des pillards, en quête d'un butin. Au-delà de sa propre situation, si Thérèse tient bon, c'est aussi au nom de ses frères et sœurs qui ont fui. Tous vivaient dans le même immeuble, dont elle est la dernière gardienne.

Thérèse est la joie incarnée. Quelle force de vie, quelle humilité et quel courage dans ce cœur de femme ! Thérèse est l'une de mes rares connaissances qui puisse passer d'un quartier à l'autre, sans être inquiétée, ni même visée. J'ai toujours dit à nos jeunes : « Regardez-la. Cette femme est une héroïne. Elle vaut mille hommes dans cette guerre. »

Sa sympathie s'est particulièrement révélée fin septembre 2012. Ce jour-là, le père Frans semble tourmenté. « Ziad, il faut à tout prix faire sortir Ayoub de la vieille ville. » Ce jeune homme, je le connais bien. Il a grandi dans notre centre Saint-Sauveur et ses parents comptent parmi nos paroissiens. Frans me promet de mener les préparatifs de cette opération depuis la vieille ville. Charge à moi de négocier avec les forces gouvernementales, qui administrent notre secteur. Le 25 septembre, au petit matin, je me rends à Bab-al-Sibbah pour rencontrer le colonel et discuter avec lui de cette sortie. Nous ne pouvons emprunter qu'une route, menant du quartier de Bab-al-Sibbah à celui d'Al- Safsafeh, chacun aux mains d'un camp. Le colonel ne cache pas ses réticences. Déjà, parce que l'opération est très risquée. Ensuite, parce qu'il redoute un piège. Rien ne dit que la personne que nous allons faire passer ne sera pas munie d'une ceinture explosive. Au terme d'une argumentation fastidieuse, il me renvoie vers son général. Face à lui, je réitère ma demande. Nous devons faire sortir Ayoub, ce jeune de notre paroisse dont la vie est menacée dans la vieille ville. La décision tombe. Transfert autorisé, le 29 septembre. Il est convenu que nous opérions entre minuit et une heure du matin, quand se taisent les armes. À condition que nous soyons de retour le lendemain sans faute. J'appelle Frans pour l'informer de ces modalités. Pour entrer dans la vieille ville, je n'aurai qu'à me glisser prudemment dans une maison bien identifiée dont le mur endommagé donne sur la rue où la rencontre doit avoir lieu. Un passage secret, d'un monde à l'autre, comme dans les contes de notre enfance…

J'annonce ma venue à Thérèse. Folle de joie, elle informe son père et son frère. Le jour J, à midi, je quitte le centre Saint-Sauveur. « Tu t'absentes ? » me demande sœur Anne, d'un air soupçonneux. « Oui, oui… À ce soir », lui dis-je, franchement évasif. Georges m'accompagne. Nous déjeunons chez Thérèse. Curieuse comme elle est, notre amie cherche à deviner ce qui peut bien nous amener dans ce quartier dangereux. « Je ne peux pas t'en dire plus. Nous devons voir quelqu'un. Nous permets-tu de rester chez toi en l'attendant ? » La journée s'écoule, ponctuée de parties de carte, de mugs de café et de visites de voisins, intrigués par notre présence. À plusieurs reprises, je m'entretiens discrètement avec le colonel posté dans le bâtiment en face de chez Thérèse. Je lui fais promettre de laisser passer Ayoub avec nous. « Vous avez ma parole, mais seulement une fois que nous l'aurons interrogé. »

Minuit approche. L'angoisse monte. Et si un tireur, avisé de l'opération, en profitait pour nous abattre ? Ayoub m'a fait savoir qu'il ferait biper une fois mon téléphone avant de s'élancer à notre rencontre. Tout doit aller très vite. Minuit, minuit et demi… Toujours rien… Et, tout à coup, un coup de feu. Oh, mon Dieu… Ils ont tué Ayoub, c'en est fini… Nous fuyons à toutes jambes, pour regagner la zone contrôlée par l'armée. De loin, j'aperçois le colonel : « Rassurez-vous, le jeune homme est saint et sauf. » Je tremble des pieds à la tête. Après trois heures d'interrogatoire, le général me fait comprendre qu'il me faut revenir demain. Ils gardent Ayoub pour la nuit. Je refuse tout net : « Le colonel m'a donné sa parole d'honneur. Il m'a promis de le relâcher et de le laisser partir avec moi. » Et nous rentrons, Georges, Ayoub et moi, escortés par deux soldats. Il fait nuit noire. Pas une étoile dans le ciel. De retour au centre Saint-Sauveur, nous nous attablons, fourbus et affamés. Le lendemain, le jeune homme rend visite à ses parents. À deux reprises, les services de renseignements le convoquent pour l'interroger de nouveau, avant de le relâcher. Quelque temps après, Ayoub parvient à gagner le Liban, où il épouse celle pour qui il a bravé tous ces dangers ! Oui, si Ayoub a quitté la ville assiégée, c'est uniquement par amour… Quelle leçon d'audace et d'humanité, au milieu de la guerre !

Depuis le départ d'Ayoub, à chaque fois que je croise Thérèse, elle cherche à savoir pourquoi j'étais chez elle ce jour-là. « C'est sans importance », lui dis-je, préservant le doux secret d'Ayoub. Thérèse, elle, reste fidèle à ses engagements. Elle continuera de veiller sur son père, avec une prévenance exemplaire, jusqu'à la mort de celui-ci en août 2014. Une vierge bienveillante au cœur de l'enfer…

* *
*

Des religieux d'exception

Depuis décembre 2011, les rebelles contrôlent Bab-al-Sibbah. Ils se sont mis à tout régenter, surveillant les entrées et les sorties dans ce quartier populaire. Les habitants des autres quartiers ont peu à peu renoncé à s'y aventurer. Ceux de Bab-al-Sibbah tentent de mener une vie aussi normale que possible, en se rendant chaque jour au travail, non sans avoir montré patte blanche aux checkpoints tenus par l'armée.

Le quartier abrite un foyer de personnes âgées relevant de l'Église protestante en Syrie. Leur pasteur est resté, avec les quinze salariés du centre. Une quarantaine de pensionnaires âgés résident dans cette institution, dont la direction est assurée par les religieuses des Saints-Cœurs, en vertu d'un accord avec la communauté protestante. Sœur Valentine et sœur Marie, deux Libanaises, y forment la troisième communauté des Saints-Cœurs à Homs. Il faut voir comme elles prennent soin de toutes ces personnes âgées, mais aussi du personnel, comme si c'était leurs propres enfants ou leurs parents. Leur moindre geste respire la générosité. Elles donnent leur temps sans compter. Les jésuites cultivent d'excellentes relations avec elles, de même qu'avec les responsables protestants.

Elles ont beau avoir respectivement 82 et 70 printemps, toutes deux déploient une énergie débordante, loin d'être épuisées par la tâche. Ce foyer, elles le dirigent avec beaucoup de rigueur et de persévérance. Jamais je ne les ai entendues se plaindre. À mes yeux, sœur Valentine est une religieuse exceptionnelle. Je lui ai souvent dit que je la considérais comme un cadeau du ciel envoyé à la Syrie, ce qui la fait sourire.

Nous voilà début 2012. Je viens de notre couvent de Boustan-Diwân. Quinze mètres plus loin se dresse le barrage tenu par l'armée. J'arrive dans les rues d'Al-Safsafeh. Quelques mètres plus loin passe une faction de rebelles. Je ne dis rien et longe leur groupe, sans un geste. Ils me reconnaissent à mes habits de prêtre. Comme chaque dimanche, je dis la messe chez les sœurs, selon le rite latin, puis je retourne célébrer la liturgie byzantine à Saint-Sauveur.

En m'installant au centre Saint-Sauveur, fin février 2012, j'ai dû apprendre l'art de circuler dans une ville en guerre. Chaque dimanche, à 7 h 30, je franchis, à pied et sans traîner, le barrage militaire d'Al-Adawyia, puis celui des rebelles à Bab-al-Sibbah. Dix minutes plus tard, me voilà chez les sœurs. Soupir de soulagement. Je me sais en sécurité. Des voisins viennent me saluer, nous échangeons quelques nouvelles. Après la célébration, les sœurs me retiennent pour le petit déjeuner. Nous évoquons les soubresauts de la guerre et les besoins du foyer. C'est peu dire qu'elles m'accueillent avec joie. Je suis l'un des rares à les visiter en ces temps incertains. À 9 h 15, je rentre au centre Saint-Sauveur, pour la célébration de 10 heures. Les mêmes péripéties se répètent chaque semaine, dans cet écheveau imprévisible et menaçant. Notre ville est découpée comme un puzzle. Chaque zone est devenue autonome. Les rues sont obstruées par des murs de sacs de sable, des remparts de béton ou de fer. Homs n'a plus grand-chose de la cité paisible que nous avons connue. La circulation y devient hasardeuse.

Un matin d'avril, je me rends de bonne heure à Bab-al-Sibbah après plusieurs jours d'absence. Le quartier me semble anormalement vide. Pas une voix, pas un cri d'enfant. Les devantures des boutiques sont closes. Pour la première fois, un sentiment de méfiance et d'inquiétude me tourmente. Où sont passés tous les gens ? Que se passe-t-il ? Sœur Valentine m'apprend qu'il y a deux jours, les familles ont embarqué dans des camionnettes. Il a suffi de deux nuits pour que le quartier se vide de l'intégralité de sa population sunnite, à l'exception des rebelles. Personne ne sait où ils sont partis. Le mystère est d'autant plus pénétrant qu'aucun combat n'a éclaté cette semaine. Qu'avaient-ils à redouter ? Tout en célébrant la messe, une angoisse terrible monte en moi. Je ne suis pas à l'aise du tout.

En rentrant chez moi, je demande à l'officier du barrage militaire s'il a eu vent de quelque chose. Apparemment, des rumeurs se sont répandues parmi les habitants. Ces derniers ont cru que l'armée était sur le point d'attaquer le quartier, en détruisant tout sur son passage, et en s'en prenant aux civils. L'officier lui-même semble abasourdi par un tel scénario : « Comment ont-ils pu avaler ça ? Et tout quitter, sans être sûrs de rien ? » Qui peut bien avoir intérêt à colporter ces rumeurs et susciter un tel mouvement de panique ? Pourquoi vider le quartier maintenant ? Une énigme de plus...

Du 27 au 31 mai 2012, de violents affrontements s'enchaînent, au terme desquels l'armée gouvernementale reconquiert

Bab-al-Sibbah. Il me faut attendre le 3 juin pour pouvoir retourner chez les religieuses. Sœur Valentine me fait le récit de cette semaine de terreur. Des balles ont criblé les vitres du foyer, semant la panique parmi les résidents. Des éclats d'obus ont achevé leur course dans les chambres, tuant deux personnes âgées et en blessant trois autres. Le personnel s'est trouvé pris au piège, sans possibilité de rentrer chez eux. La nourriture et l'eau ont bientôt manqué et il a fallu piocher dans les réserves, en priant pour que les combats cessent au plus vite. L'électricité ? Coupée, bien sûr. C'est un miracle qu'ils aient tenu dans de telles conditions. À mes yeux, les sœurs et leurs employés sont de véritables héros, qui se sont relayés avec abnégation pour protéger les résidents. « C'est vous, mes sœurs, qui mériteriez le prix Nobel de la paix ! dis-je d'un ton facétieux. Quand je vois votre bravoure et votre courage, au cœur d'une bataille si rude, j'ai envie de vous tirer mon chapeau ! Vous êtes de vraies combattantes. Des combattantes désarmées pour la paix ! » Nous rions de bon cœur.

Au paroxysme de la colère, de la violence et de la haine, le chant des religieuses s'est élevé au-dessus des déflagrations et du sifflement des balles. Elles n'ont cessé de prier pour ce peuple qui les a depuis longtemps adoptées, pour ce pays qu'elles ont choisi. De leurs fenêtres, elles ont enduré le tumulte des assauts, les invectives des combattants, sans cesser de réconforter les personnes âgées et les employés, louant le Bon Dieu avec confiance, en priant pour le pardon et pour la paix.

En sa qualité de directrice, sœur Valentine a joué un rôle essentiel au cours de la guerre, et ce, dès son déclenchement. Avec sagesse et discernement, elle a veillé sans relâche sur ses pensionnaires, sans nouvelles de leurs proches. Elle s'est aussi révélée habile à négocier avec aplomb et fermeté le ravitaillement du foyer. Son envergure l'a rendue digne de confiance, respectée de toutes les parties du conflit. Sœur Valentine a su donner un sens à la vie de cette institution, sans se laisser décourager par la cruauté de la guerre. Elle n'a cessé de faire germer la beauté, prêtant attention non seulement à la santé de ses patients, mais aussi à celle des plantes du jardin. Là où elle passe, tout reverdit. Il suffit que sœur Valentine étende la main pour que se répande un amour capable de fertiliser la terre la plus aride.

C'est grâce à la présence altruiste de nos deux religieuses que les familles reviendront dans le quartier, quelques mois plus tard. Sœur Valentine nous rendra aussi un grand service en accueillant l'un de nos jésuites syriens, le père Antoine Massamiri, en octobre 2014, trop âgé et trop malade pour rester dans les montagnes de Tartous où il a passé une partie de sa vie.

Depuis son installation au foyer, les habitants du quartier lui rendent souvent visite, pour lui confier leurs problèmes. Ils le perçoivent comme un « saint prêtre ». De fait, le père Antoine est un excellent accompagnateur spirituel, à l'écoute de chaque personne. Frappante est sa connaissance des dates, des noms, des âges... Une vraie mémoire d'éléphant ! Moi-même, j'aime lui rendre visite. Nos conversations me font du bien. Chaque dimanche, nous concélébrons la messe avec les sœurs. Sa condition chancelante ne lui permet pas d'officier seul. Après le petit déjeuner, je reste seul avec lui, pour lui transmettre les dernières nouvelles de la Compagnie de Jésus, de nos missions... Antoine n'en perd pas une miette, incollable sur le nom des derniers novices, des nouveaux étudiants. Les sœurs et les employés se montrent très prévenants avec lui. « Ziad, tu peux être serein. Je ne manque de rien ici. On m'entoure d'une grande bonté. »

* *
*

Début janvier 2014. Le jour se lève tout juste. Je sursaute. C'est sœur Valentine qui tente de me joindre désespérément. « Le père Antoine est au plus mal. Son état se dégrade à vue d'œil, depuis qu'il est tombé de son lit et s'est fracturé la hanche. » Je me précipite à son chevet, accompagné d'un médecin. Ce dernier nous recommande de le transférer sans tarder dans un service hospitalier, si possible au Liban. Son état nécessite une intervention rapide, mais délicate pour un homme de 95 ans. Je lui objecte qu'un tel périple me semble déraisonnable, sachant qu'Antoine ne peut marcher et que la ville est à feu et à sang. Mais nous n'avons guère le choix. Je me tourne vers le chef local du Croissant-Rouge syrien, pour solliciter une ambulance. « Sans autorisation signée du chef de la sécurité, vous ne pourrez franchir les barrages à la sortie de Homs. » J'obtiens le précieux sésame en un temps record. À 11 heures, l'ambulance est là, avec cinq volontaires. Sœur Valentine nous confie aussi une religieuse de sa congrégation, venue de Tartous, pour soigner sa jambe infectée.

Et nous voilà sur la route. L'hôpital libanais dépêche l'une de ses ambulances à la frontière, car celle du Croissant-Rouge n'est pas habilitée à quitter le territoire syrien. À la frontière, les douaniers ont été avertis de notre arrivée. Les papiers sont déjà prêts. Mais nous nous heurtons à une difficulté que personne n'avait vue venir : quelques dizaines de mètres séparent le poste syrien du poste libanais. Quand notre ambulance nous aura déposés au second poste, il n'est pas acquis qu'elle puisse revenir en arrière. Légalement, les agents du poste syrien sont tenus de considérer qu'il s'agit d'une nouvelle entrée sur le territoire national. Sans autorisation, les volontaires du Croissant-Rouge seront refoulés aux portes de leur propre pays ! Et pour ne rien arranger, les ambulanciers libanais se voient confrontés au même dilemme, de l'autre côté ! Je tente de négocier leur passage avec l'autorité libanaise, à titre exceptionnel. « On doit en parler à notre chef. » Nous patientons…

Trois allers-retours me sont nécessaires pour convaincre les douaniers des deux pays de laisser passer les ambulances, et nous permettre de faire l'échange entre les deux postes. Pour faciliter l'opération, le garde-frontière syrien a l'idée de tamponner les mains des volontaires, en conservant leurs pièces d'identité. Ce subterfuge nous fait sourire. Pour les agents aussi, le cas est inédit.

La circulation est interrompue. Seules sont autorisées nos deux ambulances. Vous devriez nous voir, avançant au pas, avec une prudence extrême, avant d'effectuer notre demi-tour à mi-chemin, dans une synchronisation parfaite. Vite, nous portons le père Antoine et la religieuse jusqu'au véhicule libanais, sous l'œil scrupuleux des douaniers des deux pays. Oh, mon Dieu ! La vie n'est-elle pas suffisamment compliquée comme cela ? Faut-il encore que nous y ajoutions des procédures incompréhensibles ?

Nous passons la frontière libanaise sans difficulté, avec nos deux patients. Les policiers prennent la sœur pour l'une des religieuses de Maaloula, qui viennent d'être libérées après avoir été retenues en otages. L'histoire a fait la une des médias. « Quel monde de fous », me dis-je tout bas. Le chauffeur appuie sur le champignon. Nous empruntons la route de Tripoli, au nord, bordée d'arbres majestueux dont la plantation remonte au mandat français. La religieuse semble mal en point. Quant au père Antoine, il me fixe en silence, immobile et blême. J'ai terriblement peur que nous le perdions en chemin. Sitôt arrivés à l'hôpital, les médecins le prennent en charge. L'opération se déroule au mieux. En quelques jours, notre mourant est ressuscité ! Il a retrouvé sa jovialité coutumière. Nous blaguons en songeant au trajet épique qui nous a menés jusqu'à Beyrouth. La sœur, elle, a dû être amputée.

Quelque temps plus tard, le père Antoine peut rentrer à Homs, où il retrouve sa place dans le foyer. Je n'oublierai jamais ce jour de 2015, où il découvre devant sa télévision que le pape François a choisi un jeune de notre paroisse Saint-Sauveur pour porter la croix avec lui, lors de la célébration du Jeudi saint, à Rome. « Tu vois Ziad, me dit-il en tremblant, tout le monde pleure la Syrie souffrante. » Il est profondément ému, sanglotant comme un enfant.

Je le reverrai une dernière fois, la veille de son départ vers le Créateur, en février 2016. Apprenant qu'il décline à vue d'œil, je reviens d'urgence à Homs (je me trouvais à Dublin pour un an de formation). Quelle joie de nous retrouver ! Nous devisons un long moment, prions ensemble. Mais il faut que je parte. Je suis attendu en Grèce. C'est là, sur le tarmac de l'aéroport athénien que l'on m'annonce sa mort. Après l'assassinat du père Frans, après le décès du père Michael, c'est le troisième chevalier jésuite que nous perdons. Tous trois étaient des fondateurs d'exception, des personnages dotés d'un charisme hors normes. Ils me manquent chaque jour que Dieu fait. Du père Antoine, j'aimerais garder le souvenir d'une grande âme, d'un missionnaire ayant donné sa vie dans les montagnes de Syrie. Nous lui devons aussi la cofondation du centre Saint-Sauveur. Sa présence fut, jusqu'au bout, une grâce et une lumière pour nous conduire dans notre combat intérieur contre le mal et la violence.

* *
*

La faim déchire les cœurs

Mi-2013, la situation se détériore sensiblement pour les assiégés du vieux Homs. Les conditions de vie frisent l'insoutenable. Le désespoir guette. Les médias syriens et internationaux se font l'écho du drame humain et social qui se joue à huis clos, alors qu'une partie de la population est prise au piège.

Frans, vaille que vaille, reste fidèle à sa mission. Quelques bénévoles l'entourent. Vieillards, malades, handicapés, musulmans, chrétiens ; il n'est pas une âme, dans le cœur historique de Homs, que notre bon père n'ait visitée au moins une fois. Nos jeunes l'aident à distribuer des repas, à l'heure où la faim tenaille les estomacs. D'après ce que l'on me rapporte, les réserves s'amenuisent à vue d'œil dans notre résidence. Fin janvier 2014, il ne reste qu'un peu de blé concassé. Nous n'avons plus rien à offrir à ceux qui frappent à notre porte. Pour Frans et les siens, c'est une souffrance de plus…

Dès la fin du mois de décembre 2013, la famine latente fait du vieux Homs une jungle où règnent l'arbitraire et l'anarchie, déchirant peu à peu le cœur des habitants. Tous les moyens sont bons pour débusquer de quoi survivre. Certains n'hésitent pas à recourir à l'illégalité pour faire main basse sur quelques provisions, en entrant par effraction dans les maisons, voire en usant de la violence. Ceux qui possèdent encore quelques menues ressources les dissimulent dans leur jardin ou sur un toit, où personne ne songera à aller fouiner. Inquiète de voir la situation s'envenimer, l'équipe du couvent redouble d'efforts, dans un esprit résolument fraternel. Il s'agit d'empêcher les gens de se retourner les uns contre les autres. Mais même dans nos murs, la situation devient critique. Raison de plus, pour Frans, d'astreindre ses hôtes à une discipline de vie fondée sur l'entraide et le respect. C'est, à l'en croire, la seule manière de surmonter cette épreuve collective. Le manque de nourriture devient criant. Au petit déjeuner, les assiégés se contentent de quelques olives agrémentées d'un thé, tandis que le déjeuner se borne à une bouillie de blé concassé. Le soir, ce n'est guère plus consistant. Un peu d'huile d'olive, trois pincées de sel, pour relever des restes.

L'eau elle-même n'est pas toujours propre. Il arrive qu'elle soit contaminée. Les survivants ont pris l'habitude de la faire bouillir, en général sur un simple feu de bois, avant de la boire. Comme je l'ai déjà raconté, ils la puisent à deux pas de là. En ces heures de disette, les jeunes enfants sont plus vulnérables que leurs aînés. La pénurie de lait altère leur croissance. Les mères peinent à allaiter, souffrant elles-mêmes de carences sévères. Si par chance elles dégotent un peu de lait, elles y mêlent aussitôt de l'eau, avec tous les risques de contamination que l'on sait. Et ce mélange incertain finit dans le biberon des petits…

Au début de la guerre, l'accès à l'électricité était assuré par des générateurs disposés dans les différents quartiers. Mais la pénurie de mazout, dans les derniers mois de 2013, rend ce dispositif aléatoire. Quand les assiégés parviennent à recharger leur batterie de téléphone, ils peuvent s'estimer heureux. Il faut parfois patienter des heures pour grappiller quelques minutes d'autonomie, avec l'espoir, peut-être, d'entendre la voix d'un proche. Allumer une lampe de chevet, s'asseoir devant un téléviseur… Ils en rêveraient. Pour l'heure, seules les chandelles et les braises éclairent leurs nuits.

Sur le plan médical, les conditions sont désastreuses. La guerre pèse douloureusement sur la santé des plus fragiles. Les médicaments sont devenus plus rares encore que les aliments, alors on se rationne. Les patients atteints de cancer, dans l'impossibilité de suivre leur traitement, sont au cœur des inquiétudes. Telle cette femme dont on m'a parlé, qui ne survivra pas longtemps sans chimiothérapie…

Le climat angoissant entraîne d'autres conséquences moins visibles et plus perverses. Il atteint les âmes, éprouve les défenses mentales. Les crises de panique, de psychose, de schizophrénie et de phobie se font plus nombreuses, déclenchées par le contexte ultraviolent. En plus d'avoir détruit toute vie sociale, la guerre mine la santé mentale des civils. Quant aux blessés et aux mutilés, il leur faudrait des soins constants, et bien entendu un suivi chirurgical. Leurs souffrances sont indescriptibles. La plupart restent prostrés, accablés par la douleur. Certains puisent une force surnaturelle pour surmonter cette épreuve, édifiant tous ceux qui les entourent.

Frans se montre très soucieux des malades, notamment mentaux. Fort de sa longue expérience, il comprend leurs besoins. Et il sait pertinemment qu'aucune solution digne de ce nom n'est possible entre ces murs. Il faudrait s'extirper de ce trou pour bénéficier d'un traitement adapté. Mû par une bonté inaltérable, Frans donne tout ce qu'il peut. De la nourriture, quand c'est possible, et surtout du temps. Une oreille attentive. C'est tout ce qu'il lui reste. Après une visite aux personnes handicapées, en janvier 2014, Frans nous révèle que ces dernières n'ont plus rien à manger, hormis quelques olives et un peu de blé… Une situation déplorable. « Les gens ne tiendront pas un mois de plus, affamés comme ils sont », tempête-t-il avec tristesse, à l'autre bout du fil. « Sans médicaments et sans vivres, beaucoup mourront de faim dans les jours qui viennent », insiste-t-il, précisant avec horreur que « la mort commence à affleurer sur le visage des vivants. » Au plus profond d'eux-mêmes, ils n'aspirent qu'à vivre, qu'à retrouver un semblant de joie… Une flamme fragile luit encore en eux. Mais pour combien de temps ?

L'équipe du couvent fait de son mieux. Frans se sent parfois très seul. Il ne reste que 66 chrétiens dans le quartier, alors qu'ils étaient encore 120 au début du siège. Certains ont réussi à fuir. D'autres ont péri sous les obus. Quand ce n'est pas la maladie, ou l'âge, qui a fini par les emporter. Comme si la pénurie ne suffisait pas, les cercueils viennent à manquer. Frans en est réduit à utiliser des échelles en bois comme grabats de fortune pour charrier les corps. Dernier prêtre de la vieille ville, Frans célèbre les funérailles des chrétiens de toutes obédiences. Un signal œcuménique fort, au cœur de la tourmente.

Il est un autre geste d'humanité que je tiens à saluer, alors que certains observateurs ont voulu faire du conflit syrien un choc des religions. Je crois que cela est globalement faux, qu'on se trompe en faisant cette lecture. Comment oublier que c'est une association musulmane de la vieille ville qui, chaque semaine, vient livrer quatre kilos de farine à Frans ? Cet arrivage régulier nous permet de pourvoir aux besoins d'une trentaine de personnes musulmanes et chrétiennes, blessées, handicapées ou anémiées. Si le chaos a une vertu, c'est bien de gommer nos différences, de nous rappeler notre humanité commune.

Nous sommes convaincus qu'au-delà de la haine, la fraternité qui nous unissait avant la guerre n'est pas moribonde. Il nous appartient de la réveiller. De retrouver le chemin de l'unité. L'urgence est là.

* *
*

Janvier 2014. Un message bouleversant nous parvient. C'est Frans qui tient la plume : « La famine devient une souffrance quotidienne pour chacun de nous. Les gens errent dans les rues, en criant leur faim. Ils frappent aux portes pour réclamer de quoi manger. La faim a fait voler en éclat toutes les valeurs éthiques et morales. Notre réalité est horrible. Il ne reste pratiquement aucun stock de nourriture. » Et il poursuit : « Notre propre souffrance ne nous fait pas oublier celle de tous les Syriens pour lesquels nous prions chaque dimanche. Malgré la distance qui nous sépare, nous sentons que nous appartenons à un même groupe, et nous nous entraidons pour traverser cette période aride à la lumière de l'Évangile. »

Dans notre centre Saint-Sauveur, à 900 mètres de là, nous ne relâchons pas nos efforts. Mais nous devons composer avec les aléas, les routes coupées, les barrages… Nos tentatives conjointes, avec la Croix-Rouge et le Croissant-Rouge, se sont soldées par des échecs cuisants. À deux reprises, nous avons pu envoyer des médicaments à un patient cancéreux et à des malades incurables, ainsi qu'un jeu de piles neuves pour les prothèses auditives du père Frans. Si peu, quand les besoins sont si grands…

Des soutiens se manifestent parfois, de Syrie ou de l'étranger, mais nous sommes dans l'incapacité d'acheminer les dons. Autour de Saint-Sauveur, en revanche, des milliers de Homsiotes bénéficient de nos cartons alimentaires et médicaux. Pas les assiégés. Aujourd'hui encore, je me sens rongé par un sentiment d'impuissance, quand je songe à ce qu'ils ont enduré. Eux-mêmes l'ont vécu comme une injustice. « Faut-il donc que les organisations humanitaires fassent si peu cas de nous, en nous abandonnant ? » se désespèrent-ils, dans leur prison à ciel ouvert. Les négociations piétinent. La situation humanitaire s'enlise. La seule perspective de paix réside dans notre aptitude à vivre l'unité au quotidien, comme une seule et même famille éprouvée.

Notre obsession, au centre Saint-Sauveur, est d'éviter à tout prix que les assiégés meurent littéralement de faim. C'est un défi moral, qui se pose crûment à tous nos concitoyens. Comment accepter ce blocus inhumain, à quelques mètres de nous ? La prière ne suffit pas, même si la nôtre s'élève inlassablement jusqu'au ciel. Frans, si peu enclin à s'exprimer dans les médias, clame à qui veut l'entendre le drame terrible qui se joue dans la vieille ville. En s'ouvrant aux journalistes, il espère susciter un sursaut des consciences. Les heures sont comptées. Ses prises de parole publiques, dans un moment si complexe diplomatiquement et militairement, me semblent imprudentes. Je me risque à le lui dire. Mais Frans me fait comprendre qu'il subit une pression incessante de la part de certains groupes militants qui sévissent dans la vieille ville. Plus encore, il n'en peut plus de voir les gens dépérir. Il est prêt à tout.

Après plusieurs rencontres mobilisant tous les acteurs du conflit, l'idée d'une évacuation des civils assiégés commence à émerger. Ce processus coïncide avec le second sommet de Genève, qui se tient début 2014, et cristallise tous nos espoirs…

* *
*

Chronique d'une évacuation

Fin janvier 2014, la situation des assiégés est plus déplorable que jamais. Lors de la conférence internationale de paix sur la Syrie dite « Genève 2 », organisée le 22 janvier en Suisse sous l'égide des Nations unies, les négociateurs des deux camps s'accordent sur la nécessité d'un cessez-le-feu pour faire sortir les civils assiégés dans la vieille ville de Homs.

De juin 2012 à janvier 2014, des réunions préparatoires se sont enchaînées pour tenter d'enclencher ce processus. Sans succès. En tant que membres du comité de réconciliation de Homs, nous autres jésuites avons pris part à de nombreuses rencontres pour trouver une solution à ce dilemme et, plus largement, pour poser les bases d'un mouvement de réconciliation. Ces rencontres ont lieu chaque semaine, à l'initiative des différents comités de quartier. Nous espérions une solution rapide. Cela traîne depuis près de deux ans… Deux années pendant lesquelles de nombreuses personnes ont été tuées, blessées, enlevées. Sans compter ces attentats effroyables, qui ont soufflé tant et tant de vies. Certaines semaines, une trêve ravive l'espoir. Et puis, la semaine suivante, le pilonnage reprend de plus belle. Les combats s'étendent même aux zones les plus peuplées. Une situation effrayante. Pour les civils, la peur est permanente. Rester ou partir ? Ils sont démunis, incapables de prendre une décision. Quelques jours avant « Genève 2 », je reçois un message de Frans. À ses yeux, il nous faut soutenir cette initiative. Et les deux camps adverses doivent trouver un moyen de rétablir la confiance entre eux : « Si la confiance existe, alors les négociations pourront être productives, estime Frans. Dans le cas contraire, cela ne marchera jamais, que les pourparlers se tiennent à Genève, Paris, Londres ou Honolulu. »

Une semaine avant « Genève 2 », plus de trente responsables d'Églises européennes et du Moyen-Orient sont conviés au siège du Conseil œcuménique des Églises, à Genève. Leur objectif : élaborer une parole commune pour peser sur les débats à venir. Le message lancé au terme de ce mini-sommet chrétien est très clair : il s'agit d'inciter les négociateurs, et à travers eux l'ensemble de la communauté internationale, à œuvrer pour une « paix juste » en Syrie. La plupart des patriarches orientaux ont fait le déplacement pour cette rencontre préparatoire. À leurs côtés se trouvent Kofi Annan, ancien médiateur international de l'ONU dans le cadre du conflit syrien, et Lakhdar Brahimi, qui lui a succédé en août 2012. Le nonce apostolique du Vatican auprès des Nations unies est là aussi. Le hasard fait que je me trouve moi-même à Genève : un curé jurassien m'a invité dans sa paroisse pour participer à une prière pour la paix. Et c'est tout naturellement que l'on m'invite à rejoindre les patriarches : je suis l'unique prêtre syrien présent, qui plus est de Homs, devenue le triste symbole de ce conflit meurtrier.

Au-delà de son ambition diplomatique, la réunion vise principalement à confronter les perceptions des différents responsables d'Église sur la situation actuelle. Il s'agit aussi de déterminer comment la présence chrétienne peut contribuer au processus de paix. Un temps très fort pour nos Églises d'Orient, si rudement éprouvées. Chaque représentant peut s'exprimer. Les constats convergent : le sang doit cesser de couler, il est urgent d'empêcher la destruction du pays et de préserver son héritage culturel et humain unique. Les patriarches expriment aussi leur inquiétude devant l'exode de nombreux chrétiens, en quête d'une vie plus sûre à l'étranger. À leurs yeux, la solution au conflit ne peut être militaire. Ils invitent les belligérants à déposer les armes, plaidant pour que « Genève 2 » aboutisse à un processus de paix porté par le peuple syrien lui-même. Pour eux, l'âme multiethnique et multiconfessionnelle de la Syrie est un trésor à sauver.

Les chefs d'Église soulignent aussi l'urgence humanitaire, appelant la communauté internationale à agir en faveur des populations vulnérables à l'intérieur de la Syrie, mais aussi dans les pays voisins, où beaucoup ont trouvé refuge. Ils soulignent enfin l'urgence d'une solution pour les assiégés du vieux Homs. En un mot, de desserrer l'étau autour du centre-ville pour sauver les civils. Surtout les blessés. Avant même cette rencontre, le nonce apostolique en Syrie a lui-même affirmé qu'il est temps de libérer la foule des assiégés — dont fait partie le père Frans. Hors de question, pour lui, de les sacrifier par lâcheté politique. Une solution doit être trouvée. Sinon, ils mourront de faim.

La Syrie est de plus en plus divisée. Je m'en rends bien compte, à travers mon expérience quotidienne. Notre unique planche de salut, c'est le dialogue entre tous les citoyens. Nos clivages ne seront pas résorbés par les armes, lesquelles doivent se taire enfin.

Et vite. Si nous voulons sauver la Syrie, commençons par œuvrer pour la paix.

Devant nos patriarches, Lakhdar Brahimi exprime ses regrets que les précédentes négociations aient été si souvent interrompues, alors qu'un accord semblait à portée de main. Le chaos qui règne à Homs, après trois ans de violence forcenée, est au cœur de ses préoccupations. Il ne se décourage pas, et compte bien décrocher un accord. À ses yeux, les chrétiens d'Orient ont toujours joué un rôle important dans l'histoire de la paix au Moyen-Orient. Lakhdar Brahimi attend beaucoup de nos communautés pour la recherche d'une solution en Syrie. Et ce d'autant plus que nous sommes bien acceptés et reconnus pour l'aide humanitaire et sociale que nous apportons depuis le début du conflit.

Le nonce apostolique auprès des Nations unies est chargé de porter notre message final lors de la seconde conférence de Genève.

* *
*

Après « Genève 2 », le chef de la mission de l'ONU en Syrie se rapproche de notre communauté. Il sait que nous sommes membres du comité de réconciliation à Homs, et tient à nous consulter à ce titre sur la possibilité de faire sortir les assiégés, et de mettre en place une aide pour la population locale. Quinze jours de préparation sont nécessaires pour préparer leur évacuation. Le cessez-le-feu doit entrer en vigueur le 7 février. Notre comité de réconciliation rencontre la délégation de l'ONU, puis l'un des chefs des renseignements syriens, qui vient à nous pour la première fois depuis le début du conflit. Il nous laisse parler, à l'écoute du moindre détail. La rencontre dure une journée entière, dans un hôtel de la ville. Venu *incognito*, il s'éclipse avec la même discrétion à l'issue de nos échanges. Nous mettons à profit ces rencontres pour préparer la sortie des chrétiens de la ville, en prévoyant des hébergements d'urgence. Mais nous le savons, l'aide risque de se prolonger de longs mois.

La décision est prise. Un point de passage est identifié, non loin de la préfecture, dans le centre-ville. L'évacuation débutera de bonne heure. Le 7 février, jour de la trêve, je me rends sur place avec les autres prêtres et les membres de notre comité de réconciliation. De nombreux journalistes sont là, bardés de caméras et d'objectifs. Une grande première. Longtemps, la ville leur a été interdite. Des représentants d'ONG internationales sont aussi venus. Je n'ai jamais vu autant d'étrangers en ville ! Cette opération humanitaire unique en son genre, depuis que la ville est en proie aux combats, attire de nombreux témoins. Le comité de l'ONU, composé de trois véhicules, pénètre le premier dans la ville assiégée, pour négocier avec les chefs rebelles. Le temps paraît suspendu. Les négociateurs exposent patiemment le déroulement de l'opération aux combattants. Puis ils se rendent dans notre couvent, où ils rencontrent le père Frans. Ensemble, ils bavardent, prennent la pose pour une photo souvenir. Quarante civils, dont deux enfants, sont évacués. Mais soudain, les balles sifflent. Impossible de savoir d'où elles sont parties. C'est le convoi humanitaire du Croissant-Rouge arabe syrien qui a été visé par des tirs d'armes légères et des obus de mortier alors qu'il pénétrait dans la vieille ville. Les deux camps s'accusent mutuellement d'avoir rompu la trêve. Un membre du Croissant-Rouge est légèrement blessé. Mission reportée jusqu'à nouvel ordre. À l'avenir, les convois et les personnes bénéficieront d'une protection renforcée…

* *
*

Ce matin, je me suis entretenu avec le père Frans au téléphone : « Je vais tenter de me faire inviter dans la délégation de l'ONU, afin de venir te voir, cela fait tellement longtemps… » Mon interlocuteur, côté Nations unies, n'y est guère favorable, jugeant les risques trop élevés. Il me promet d'étudier ma requête. Mais son responsable refuse tout net ma présence. Une tristesse profonde m'accable. Deux ans. Cela fait deux ans que Frans et moi vivons séparés, deux ans que j'attendais ces retrouvailles… Le soir même, le chef de la mission vient me réconforter. Il me dévoile les selfies qu'il a pris avec le père Frans. Quel réconfort de revoir son visage ! Mon interlocuteur se montre intarissable sur le père Frans, qui lui est apparu comme un être épris de paix, d'une chaleur et d'un flegme impressionnants. Tout au long de leur rencontre, jamais ce cher Frans ne s'est départi de son sourire, faisant fi de son état de fatigue. Leur conversation a duré près d'une demi-heure. Frans lui a raconté son histoire, regrettant de ne l'avoir rencontré plus tôt. Il leur a longuement décrit l'action de notre couvent, oasis d'humanité dans les ruines de la vieille ville. De retour chez moi, je rappelle Frans. Nous rigolons ensemble. À son tour, il me brosse un portrait élogieux du chef de l'opération qui lui a rendu visite, saluant sa volonté d'aider les civils. Frans me demande de plaider auprès des responsables pour qu'une route plus courte et plus directe soit ouverte pour les malades. Certains ont des difficultés à marcher dans les rues défoncées.

Après l'attaque du convoi du Croissant-Rouge, de nouvelles réunions ont lieu pour affiner le dispositif. Un nouveau point de passage est désigné, cette fois-ci dans l'ouest de Homs, à Dick Elejen, afin d'éviter toute confusion. Le premier sas se trouvait dans un secteur particulièrement étriqué, avec des immeubles littéralement collés les uns aux autres. Un vrai nid de snipers. Deux jours plus tard, l'évacuation reprend. Le quartier est désert et peu construit, ce qui simplifie le passage du convoi. De nouveau, je me rends sur place avec Georges et un autre prêtre catholique. Nous sommes en avance. Impatients d'accueillir les premiers civils. Il fait très, très froid. Et l'attente s'éternise. Dans l'après-midi, les autocars verts sont enfin de retour. En ce 9 février, 420 civils ont pu quitter la vieille ville. Leur état d'épuisement fait peine à voir. Beaucoup sont malades. Or, voici qu'un nouveau pépin logistique interrompt nos manœuvres. Il faut attendre le 12 février pour que l'évacuation soit réenclenchée. Et bientôt, 1 417 personnes ont pu bénéficier de la trêve !

Tandis que le ballet des autocars se poursuit, des camions de l'ONU apportent une aide humanitaire — colis de nourriture, médicaments… — aux civils qui refusent de quitter leurs maisons. Un comité social, dont Frans est membre, se charge de distribuer ces dons dans la zone assiégée.

Avec les volontaires de notre comité de réconciliation et les membres du Croissant-Rouge syrien, nous prenons en charge les nouveaux arrivants. Un grand nombre de femmes, d'enfants et de personnes âgées s'entassent dans les autocars. L'amertume affleure sur les visages. Ces personnes s'étaient juré de ne quitter leur maison pour rien au monde. La mort dans l'âme, elles ont dû s'y résoudre. Je suis bouleversé par la pâleur des petits, leurs visages éteints, leurs traits creusés. Dans les bras de leur mère, leur maigreur est inquiétante. Pendant des mois, ils ont manqué de tout. Presque tous sont anémiés, malades. On compte aussi des mutilés. Je suis choqué de voir cette foule mutique et résignée. Comment ont-ils surmonté tant d'épreuves, sans médicaments et sans prise en charge hospitalière ? Nous les réconfortons de notre mieux, à grand renfort de boissons et de repas chauds. Des médecins sont présents, pour soigner les cas les plus urgents et vacciner les enfants. Tout se déroule au mieux. Seules sont à déplorer quelques tensions entre des hommes issus des quartiers assiégés et des membres des forces gouvernementales. L'intervention conjointe du chef de la mission onusienne et du gouverneur de Homs permet de faire retomber la pression.

Le flux des retours est loin de faiblir. Quelle joie de retrouver des habitants que nous avons connus quand nous parvenions à circuler d'un quartier à l'autre ! J'en reconnais qui vivaient auprès de Frans. Longuement, ils me racontent ce qu'ils ont enduré, se hasardant parfois à esquisser la possibilité d'un futur. Les urgences ne manquent pas : localiser des proches introuvables, décrocher un travail, un logement, et permettre aux plus jeunes de retrouver le chemin de l'école. J'ai le bonheur de revoir deux jeunes chrétiens, un homme et une femme, qui épaulaient Frans dans sa mission sociale. Tous deux ont été blessés par l'explosion d'un obus dans notre couvent, il y a plusieurs mois. Bonheur, là encore, d'accueillir des familles chrétiennes ou musulmanes fréquentées avant mon départ du couvent. Parmi elles, celle d'Aziz. Une famille sunnite. Le couple a trois filles et deux garçons. Tous étaient très proches du père Frans. Et pour cause : Aziz était notre sonneur de cloches. C'est lui qui annonçait les offices et les messes. Sa femme, elle, entretenait notre église. Frans a noué avec eux une amitié très profonde, respectueuse de leurs convictions. À peine évacuée, cette famille doit faire face à une situation délicate. Ayant atteint l'âge de 19 ans, l'un de leurs fils est tenu de se présenter en vue du service militaire obligatoire. Frans m'implore de remuer ciel et terre pour éviter que ce jeune garçon soit arrêté. Car sans lui, prédit-il, sa famille ne s'en sortira pas. Je m'entretiens avec le jeune homme. Et cela ne manque pas ; il est rapidement conduit dans un centre, pour y être interrogé avec d'autres hommes. Je plaide sa cause auprès du général qui commande le secteur : « Ce jeune homme n'a pas porté les armes, fais-je valoir, en engageant ma crédibilité. Je peux attester qu'il a vécu dans notre couvent pendant la durée du siège. Ce n'était qu'un enfant quand la guerre a éclaté. » On m'autorise à lui rendre visite. Peu de temps après, il quitte le centre. Mais il devra, quelques mois plus tard, se soumettre à ses devoirs de conscrit.

* *
*

Le processus d'évacuation nous cause bien des sueurs froides. Il faut maintenant trouver une issue sécurisée pour un groupe de 28 personnes âgées, chrétiennes pour la plupart, toujours enclavées dans Boustan-Diwân. Compte tenu de leur santé, il est impensable de les contraindre à louvoyer parmi les ruines et les gravats, pour atteindre les autocars. D'autant qu'il faut parfois patienter des heures avant que ces derniers ne se décident à démarrer. Il serait judicieux d'emprunter un itinéraire plus court, *via* les ruelles du centre-ville. Cette option impose d'éviter avec soin les tireurs embusqués. Mais elle me semble optimale. Avec un autre prêtre de Homs, nous négocions avec les responsables des opérations, en vue de mettre en œuvre ce contournement. Tout en les travaillant au corps, nous restons en contact téléphonique avec le père Frans, dont l'influence, dans la vieille ville, peut contribuer au succès de la mission. Notre échange avec les responsables de l'évacuation n'est pas de tout repos. Nous veillons à rester discrets, pour éviter qu'une fuite médiatique ne fasse tout capoter. Le colonel qui tient la zone consent à assurer la sécurité de ce groupe de 28 personnes. Il ordonne à ses troupes de cesser le feu le temps que nous menions le transfert.

J'appelle Frans, plein d'enthousiasme : « C'est bon, tu peux commencer à les faire sortir ! » Il se présente aussitôt au point de contrôle, accompagné de deux premières personnes. Nous parvenons à les exfiltrer, à deux pas de la préfecture. Mais le climat se tend lors du deuxième passage. Frans et la femme qui l'accompagne sont visés par des tirs. Seuls quelques mètres, alors, nous séparent. Entre nous, il n'y a que l'épaisseur d'un mur de sacs de sable marquant la ligne de front. « Frans, c'est Ziad ! Je suis juste derrière. Venez tous deux jusqu'à nous, dépêchez-vous ! » Mais tout à coup, une nouvelle balle siffle. La femme se tord de douleur. Touchée au pied. Âgée et malade, elle n'a pas la force de se mouvoir pour se cacher. Quelle horreur... Quelle impuissance... Nous ne savons pas d'où viennent les tirs. Même le colonel de l'armée, à nos côtés, semble anxieux. La confusion est totale. Nous craignons de perdre Frans et cette femme. Avec l'autre prêtre, nous n'avons pas l'autorisation de pénétrer dans la zone rebelle. Le colonel nous le rappelle fermement lorsqu'il réalise que nous sommes sur le point de nous y risquer. « Je ne peux engager ma responsabilité, insiste-t-il. Si vous voulez y aller, il faut le feu vert du comité chargé des évacuations, et celui du général qui est au-dessus de moi. » Cette attente effroyable dure près d'une heure. J'imagine Frans et cette femme blessée, terrés derrière les sacs de sable, dans le viseur d'un tireur insaisissable... Dieu merci, courageusement, Frans parvient à la reconduire jusqu'au couvent, où elle restera encore un mois, le temps d'être soignée de sa blessure. Une fois de plus, nous venons de vivre une scène d'angoisse indescriptible. Même les films de guerre hollywoodiens sont en deçà de la réalité, telle qu'elle s'offre à nous, implacable et crue, dans ces funestes ruelles. Rétablie, la femme sera prise en charge par l'ONU, et parviendra cette fois à quitter Boustan-Diwân.

* *
*

Cette semaine d'évacuations marque un pas déterminant vers un cessez-le-feu durable dans la ville. De nombreuses familles ont pu être sauvées. Une fois dehors, comme je l'évoquais plus haut au sujet de la famille d'Aziz, les hommes âgés de 16 à 55 ans sont séparés du groupe pour être interrogés par les autorités.

Parmi les personnes évacuées ces derniers jours, 336 individus ont dû se soumettre à cette procédure avant d'être relâchés. Ils sont libres, à condition de ne pas quitter Homs.

En me rendant au centre de détention, je constate qu'ils sont convenablement traités et bien nourris. Leur attente dure une dizaine de jours. Au terme des interrogatoires, la préfecture et la direction de la police de Homs les incitent à assister à une « journée de réconciliation » dans le centre culturel de la ville, en présence de notre comité de réconciliation et des membres des ONG impliqués dans l'évacuation. Ils sont ensuite relâchés. À l'exception de ceux pour qui les autorités soupçonnent un passif judiciaire, ou un manquement aux obligations militaires. Dans les couloirs du centre, les hommes sont si propres et tirés à quatre épingles que je ne reconnais aucun visage. Vous devriez les voir soigneusement coiffés, barbes rasées et endimanchés. On se croirait à une noce.

* *
*

Nous venons de vivre une semaine éreintante. L'angoisse était permanente. Cette opération a aussi révélé une division très nette au sein de la population de Homs. Certains considèrent que le gouvernement n'aurait pas dû aider ces personnes, perçues par beaucoup comme des soutiens des rebelles, voire comme des traîtres. Un soupçon très fort pèse en particulier sur les hommes, accusés d'être des tueurs qu'il aurait mieux valu exécuter sur-le-champ. Une autre frange de la population aspire, au contraire, au retour rapide de la paix dans notre ville. Elle se montre plus compréhensive. Pour elle, les assiégés n'avaient d'autre choix que de rester dans leurs maisons, dans leurs appartements, n'ayant nulle part où aller. À l'instar d'autres responsables religieux ou associatifs, je m'efforce de contribuer à l'apaisement, en rencontrant les uns et les autres. La situation demeure très volatile. Nous devons rester sur nos gardes.

D'autant que nous apprenons que certains, parmi les évacués, sont déjà portés disparus. Personne n'a plus aucune nouvelle d'eux. D'autres ont été froidement assassinés, victimes de représailles. D'autres encore se terrent chez eux, craignant pour leur vie et ils y resteront parfois près d'un an, avant de se risquer dehors... Il se murmure que certains regrettent amèrement d'avoir quitté leur maison, depuis qu'ils ont découvert la condition des déplacés. Le sentiment d'être un fardeau pour la société est douloureux pour eux. Ils se sentent perdus et dilués dans la ville moderne, dont les codes leur sont étrangers. Dans le cœur historique de Homs, ils vivaient dans une harmonie relative, malgré les combats, et collaboraient pour le bien de tous. D'autres, à l'inverse, manifestent un réel soulagement. Ils retrouvent le goût de vivre, libres d'aller et de venir, de visiter leurs proches, loin des bombardements. Beaucoup d'autres encore, ceux qui en avaient les moyens, ont quitté la Syrie « pour quelques jours ». On ne les reverra plus, on le sait bien. Que pouvons-nous faire, en tant que prêtres ? Continuer de visiter les familles, pour leur assurer une aide au long cours, en collaboration avec les organisations humanitaires et les équipes de nos différentes églises. Et prier, inlassablement...

* *

*

Au cours de cette folle période, je me lie d'amitié avec des journalistes et des travailleurs humanitaires. Nous passons des heures ensemble, à attendre, entre deux vagues d'arrivées, assis par terre. Tout autour, la ville est déserte, à l'exception d'une salle aménagée pour accueillir les personnes évacuées. Parmi ces compagnons, il y a un reporter envoyé par un célèbre journal international. Nous avons des amis communs au Liban. Cet homme me confie qu'il cherche une figure marquante, pour raconter l'événement non pas sous la forme d'un article, mais d'un conte, d'une histoire vivante. Il ne lui manque qu'un héros pour l'incarner. Sans hésiter, je lui recommande d'axer son récit sur le père Frans, dont je lui parle pendant des heures. Il noircit des pages et des pages de notes. Et puis, finalement, abandonne cette idée, sans que je comprenne bien pourquoi. Peut-être a-t-il renoncé à braquer la lumière sur un homme inconnu du public occidental ? Après la mort de Frans, il sera l'un des premiers à m'appeler, bouleversé par la nouvelle, et regrettant vivement de n'avoir su décrire le rôle déterminant de notre bon jésuite au cœur du chaos de Homs.

L'évacuation achevée, nous sommes convaincus que la vie dans la vieille ville va s'améliorer. Il n'en est rien. D'autres difficultés surgissent bientôt, liées à l'insuffisance de l'aide humanitaire, au regard de l'ampleur de la demande. De nouveau, nous devons nous retrousser les manches pour mettre à mal cette immense misère qui pèse sur nos concitoyens…

* *
*

L'ENGAGEMENT, JUSQU'AU BOUT

Le succès de l'évacuation des civils ne résorbe en rien le pourrissement de la situation dans le cœur historique de Homs, épicentre des combats. Une solution durable doit être trouvée, et vite. Sitôt l'opération humanitaire achevée, les hostilités reprennent. Les insurgés eux-mêmes commencent à s'entredéchirer, autour de la redistribution des rations de vivres. Différentes factions se disputent le contrôle de la vieille ville. L'évacuation elle-même fait débat : certains la soutenaient, d'autres pas. L'écho assourdissant d'une salve d'explosions parvient de la zone assiégée. Des règlements de compte, nous dit-on. Ils auraient causé la mort d'une vingtaine de personnes.

Au lendemain du transfert des civils, je m'empresse d'appeler Frans. « J'aurais aimé que la distribution des colis alimentaires se passe mieux. Cela ne s'est pas fait de façon très équitable », déplore-t-il. La majeure partie des vivres a été ponctionnée par les combattants, au détriment de la population. « Nous devons manger pour poursuivre la lutte et protéger nos positions », arguent-ils. Sœur Anne se trouve à mes côtés, près du téléphone : « Tu crois qu'il en reste assez pour les civils ? » Frans se met à rire. Encore une fois, je suis impressionné par sa capacité à prendre de la hauteur. Il ne se plaint jamais. Il est tout entier tourné vers l'action. Plus d'une fois, je l'ai senti agacé par des râleurs qui l'entouraient : « Les gens se plaignent toujours de ce qui leur manque, alors qu'ils pourraient voir ce qu'ils ont comme une grâce », répète-t-il souvent.

– Frans.

– Oui ?

– Veux-tu que l'on te fasse sortir, avec les 23 chrétiens restants ?

– Tu connais ma réponse.

Frans refuse tout net cette idée. Lui, le supérieur du couvent, comment pourrait-il abandonner son poste ? Et puis, les derniers fidèles ne comptent-ils pas sur lui ? Non, l'heure du départ n'a pas sonné pour Frans. Il ne l'envisage pas un seul instant. Cet entêtement rejoint une aspiration très profondément ancrée en lui. S'il est venu dans notre pays, c'est pour partager la vie des Syriens, leurs bonheurs comme leurs souffrances. Après de longues et belles années vient le temps de la consolation et de la compassion. Partir serait pour Frans une incohérence, et même une trahison. Il souhaite aider le peuple syrien, auquel il a donné sa vie, à surmonter cette terrible douleur. Son choix est non négociable. Et puis, il est animé d'une conviction profonde : les Syriens, m'a-t-il souvent confié, sont les êtres les plus patients qu'il connaisse. En dépit de la misère, ils n'ont pas renoncé à vivre.

Entre-temps, je me suis entretenu avec notre provincial au Liban, très préoccupé par la situation du père Frans. À plusieurs reprises, il me demande d'essayer de le convaincre de quitter le couvent pour s'installer avec nous au centre Saint-Sauveur. La famille de Frans l'a même appelé, avec l'espoir d'infléchir son opiniâtreté et qu'enfin, il consente à quitter la Syrie pour venir se reposer aux Pays-Bas, auprès des siens. C'est peine perdue… « Frans a pris sa décision en conscience », lui fais-je valoir. À mes yeux, il serait indélicat de remettre le sujet sur la table. Notre insistance commence à le contrarier. Il nous faut penser autrement. C'est à nous de changer de logique, en l'aidant à aller jusqu'au bout de son intuition, à accueillir chez lui ceux qui souffrent au lieu de le pousser à partir lui-même.

* *
*

Courant mars, nos rencontres avec la délégation de l'ONU et les organisations humanitaires se poursuivent. Comment ramener la paix dans notre ville ? Quand j'en parle avec Frans, son analyse ne varie pas d'un iota : « Au lieu de forcer les derniers civils à quitter leur quartier, nous ferions mieux de trouver une solution pacifique qui leur permette de rentrer chez eux. Tout ce que nous faisons, c'est vider la vieille ville… »

Affleure aussi dans son discours un sentiment d'injustice. Après deux ans de patience et de misère, comment pouvons-nous demander à ces gens de tout abandonner derrière eux, de tirer un trait sur tous leurs efforts ? À l'écouter, tout espoir n'est pas perdu. Il se raccroche à la récente visite de la délégation onusienne, venue au couvent au cours de l'évacuation. Frans a été sensible à leur ambition de rapprocher les différents camps. Il espère des résultats concrets et rapides…

Mais il lui faut, dans le même temps, constater la détérioration. L'aide est insuffisante. Le 14 mars, près d'un mois après la première phase d'évacuation, les civils ont presque consommé toutes les denrées qui leur ont été apportées. Certains en sont réduits à cueillir des herbes et des plantes sauvages pour se nourrir. Une immense fatigue physique et psychologique les mine. L'absence de leurs proches se fait douloureusement sentir. La communauté autour de Frans est réduite à peau de chagrin. Elle fait face à ses difficultés avec un courage infini.

On me contacte régulièrement pour me parler de Frans. Des amis. Et même des évêques. Tous s'inquiètent. Certains estiment, sans doute à raison, que si Frans accepte de quitter enfin la vieille ville, les derniers assiégés lui emboîteront le pas. Cela soulagerait la population. Sans conviction, je fais part de ces arguments à Frans. « Mais Ziad, comprends-moi. J'ai 75 ans. J'ai travaillé toute ma vie dans le domaine humanitaire. J'ai étudié la philosophie et la théologie. J'ai fait une licence et un doctorat de psychologie pour aider les autres, et être à leurs côtés. » Toutes ses spécialisations convergent vers un seul et même but : mieux servir l'homme. S'il a fondé le centre agricole Al-Ared, c'est précisément pour donner corps à un engagement nourri de tous ces apports théologiques, philosophiques, sociaux, psychologiques et spirituels. « Je n'ai pas passé ma vie à recevoir les personnes handicapées, à soutenir les gens en difficulté des 14 villages voisins, à tisser l'unité entre les communautés chrétiennes et musulmanes… pour m'en aller maintenant. J'ai quitté mon pays à l'âge de 26 ans pour me mettre au service de tous les Syriens, de tout homme. Ma vie entière m'a préparé à cette mission. Et tu voudrais que j'abandonne tout ? »

Il aime cette population du vieux Homs comme sa propre famille. Auprès d'elle, il fait figure de résistant. Un résistant désarmé. Un homme de compassion et de paix, œuvrant sans relâche pour ses semblables. Il faut voir l'admiration, le respect que vouent à Frans chrétiens et musulmans. S'il est une personnalité qui fait l'unanimité sous les bombes, c'est bien lui. « Le peuple syrien m'a tant donné, explique-t-il à ceux qui l'interrogent. Tant de gentillesse, tant d'inspiration ; tout ce que je possède. Maintenant que ce peuple souffre, il me faut partager sa peine et ses difficultés. En Syrie, je ne me sens pas comme un étranger, mais comme un Syrien parmi les Syriens. » Et il ajoute toujours : « Vous savez, si je quitte cet endroit, tout va disparaître. C'est pour cela que je reste. Et aussi parce qu'il y a encore des chrétiens, que je ne veux pas abandonner. Mais même si ces chrétiens devaient partir, je resterais pour la Syrie et les Syriens. Je suis au service de ce pays que j'aime. »

Pour sortir du bourbier, il faut provoquer un sursaut à l'échelle internationale. Frans m'encourage à témoigner de la situation dans les cercles et les instances où l'on m'accueille, notamment lors de mes voyages en Europe. Cernés par la mort et la désolation, les assiégés ont le sentiment que le monde les regarde avec froideur et distance, sans faire le moindre geste. Frans caresse un rêve : que se lèvent enfin des hommes de bonne volonté pour aider le peuple syrien à se réconcilier et à bâtir une paix durable.

* *
*

Hanté par ce cri, je tente de mobiliser les différents évêques de Homs, et aussi le nonce apostolique — qui représente le Vatican en Syrie — afin qu'ensemble nous parvenions à convaincre les autorités syriennes de trouver une solution pour désenclaver la vieille ville. Il est urgent de créer un cadre permettant le retour des civils, plutôt que d'organiser leur exode, qui risque d'accélérer l'anéantissement de la cité. Après plusieurs tentatives infructueuses, nous décrochons un rendez-vous avec le chef du service des renseignements, celui que nous avions déjà rencontré voici un mois. Je lui fais part du diagnostic de Frans, sans le citer nommément. « Votre proposition est idéaliste plus qu'elle n'est pratique… », tranche notre interlocuteur. Il s'engage cependant à transmettre cette proposition à sa hiérarchie, d'autant qu'elle rejoint celles de plusieurs organisations internationales.

Une semaine plus tard sont initiés des pourparlers en vue d'évacuer les rebelles. Cette perspective rassure de nombreuses personnes, notamment les responsables religieux, préoccupés par le sort de la population. Certains, au départ, critiquaient vertement le point de vue du père Frans et de ses compagnons, jugeant leur refus de quitter la ville comme une marque d'irresponsabilité, voire un acte de traîtrise. Mais l'on ne tarde pas à les dépeindre comme des héros, qui ont surmonté la misère pour sauver la ville du chaos. Pour ma part, je considère que son choix était visionnaire.

Imaginez son enthousiasme : nous allons bientôt pouvoir revenir chez lui, et non l'inverse ! Si vous l'entendiez rire au téléphone, célébrant par anticipation la fin du terrible encerclement. « Nous allons rapprocher les cœurs des parents de ceux de leurs enfants, nos quartiers vont renouer avec la vie et le bonheur… » Sa prophétie semble sur le point de se réaliser. En attendant, les assiégés poursuivent leur lutte quotidienne, priant inlassablement, accrochés à l'espérance folle de voir la vie renaître chez eux.

Le 6 avril, un message de Frans nous parvient. Ce sera son dernier. Le lendemain, il sera tué. Sans imaginer un seul instant que ses heures sont comptées, notre messager nous donne les dernières nouvelles du siège : « Les chrétiens, dans la vieille ville de Homs, s'interrogent : "Que pouvons-nous faire ?" Nous ne pouvons rien faire, mais nous croyons que Dieu est avec nous dans ces circonstances difficiles. Dieu n'abandonne pas le croyant. Il le connaît et connaît sa situation lorsqu'il souffre. Dieu ne veut pas le mal, mais son regard se pose sur ses bien-aimés. La foi aide les gens à endurer les difficultés ; elle les aide aussi à garder espoir et patience. » Il poursuit : « Mais la situation devient toujours plus difficile et on ne peut rien faire. La pénurie menace nos vies. Nos besoins essentiels ne sont plus comblés. Malgré cela, nous continuons à vivre. Nous faisons l'expérience de la bonté. Ceux qui n'ont plus rien à manger trouvent, sur le pas de leur porte, des lentilles ou du blé concassé. Lorsque l'homme est dépossédé de tout, il accueille la générosité de l'autre. Bien sûr, nous voyons le Mal qui trace son chemin. Mais il ne peut nous rendre aveugles au Bien. Nous ne permettrons pas que le Bien déserte nos cœurs. » Frans avoue attendre le résultat des négociations avec optimisme, mais aussi avec prudence. « Pour le moment, dit-il encore, nous nous préparons pour LA FÊTE. Celle du passage de la mort à la Vie. Elle jaillit d'un gouffre obscur et ceux qui sont dans les ténèbres voient poindre une lumière resplendissante. Oui, nous souhaitons cette résurrection pour la Syrie. *Ilal Amam*, en avant ! »

Mais Frans ne fêtera pas Pâques à nos côtés, comme il l'avait ardemment espéré. Pas davantage, il ne pourra célébrer son soixante-seizième anniversaire, le 10 avril, ni se délecter de poisson grillé avec ses amis, selon son habitude. La violence que Frans a rejetée toutes ces années de siège l'a poursuivi jusqu'au couvent. Nous sommes le 7 avril 2014. Il est encore tôt, ce matin. Frans s'apprête à commencer son oraison quotidienne, pour louer et remercier son Créateur, quand la main de la haine, plus tranchante que jamais, s'abat sur lui et lui ôte la vie.

* *
*

Une mort brutale

8 h 30. Le téléphone sonne. On m'apprend que Frans est mort. Je n'en crois pas un mot. Ce n'est pas la première fois qu'une telle nouvelle est colportée à tort. Depuis le début du siège en février 2012, les rumeurs vont bon train au sujet de nos amis enclavés dans la vieille ville. Notamment en ce qui concerne Frans. Un jour, on prétend qu'il a été abattu. Le lendemain, qu'il a été arrêté. D'autres fois, on le dit emporté par une maladie. J'ai appris à accueillir ces affirmations hasardeuses avec prudence. Mon premier réflexe est toujours d'appeler le principal intéressé, dont la voix chaleureuse m'accueille invariablement, à l'autre bout de la ligne. Les rumeurs sont un poison dans ce conflit…

Bien sûr, Frans a déjà été molesté par des voyous. Sa présence dans le vieux Homs dérange certains. Sa volonté d'accueillir les familles dans le besoin, notamment des femmes musulmanes, indispose parfois. À plusieurs reprises, il a été violemment pris à partie jusqu'à être une fois ligoté sur une chaise et retenu dans l'obscurité jusqu'au matin… Cette histoire, on me l'a rapportée à l'insu de Frans, qui a toujours veillé à me préserver. Il ne veut pas que l'on s'inquiète pour lui. « Tout va bien, répète-t-il, n'écoutez pas ce que l'on raconte… »

Il y a quelques jours, je me suis rendu à Bruxelles et j'en ai profité pour demander à Frans s'il souhaitait que je rende visite à ses frères aux Pays-Bas. « Va juste déjeuner avec mon cousin qui vit à Bruxelles, il y a aussi un autre ami que tu peux voir là-bas. Donne-leur de mes nouvelles. » Le réseau passait mal. Juste assez pour entendre Frans taquiner affectueusement nos sœurs du centre Saint-Sauveur, qui se tenaient à mes côtés. Nous avons tous ri de bon cœur. Le lendemain, après avoir rejoint le Liban, je me suis envolé pour la Belgique. Là-bas, j'ai rencontré le cousin de Frans, ainsi que sa femme. L'ami de Frans était en voyage. J'ai aussi vu longuement le père Jan, l'assistant du provincial des jésuites pour la Belgique et les Pays-Bas, qui était très préoccupé par la situation de Frans. Ensemble, nous l'avons appelé à Homs. Tous deux ont pu échanger des nouvelles en néerlandais. Quel soulagement, pour Jan, d'entendre la voix de notre bon père ! Ce fut notre dernière conversation. En rentrant, le samedi, la connexion était mauvaise. Je n'ai pas pu le joindre. Plus de trente fois, j'ai tenté de l'appeler. En vain.

Ce n'est que le lundi matin que j'apprends la terrible nouvelle. Mais le messager qui me la rapporte ne vit plus dans la vieille ville. Cela me laisse une lueur d'espoir. Ses sources sont peut-être incertaines. Je décide de me tourner vers l'entourage immédiat de Frans. Mais je n'en ai pas le temps. Un ami, prêtre syriaque, me téléphone : « Ziad, je viens à ta rencontre. Il faut que je te parle de quelque chose d'important. Attends-moi… » Je ne comprends pas d'emblée ce qu'il veut. Bizarre, cette attitude. Après tout, il veut sans doute discuter du comité de réconciliation dont nous sommes tous deux membres. Je reste dans mon bureau en l'attendant.

Je n'ai pas vraiment de temps à perdre ce matin. Même pas une minute. Plusieurs autres rendez-vous m'attendent.

Cinq minutes passent. Nouvel appel. Une habitante de Homs qui vivait avec Frans, avant son départ de la vieille ville en février. Elle me confirme la nouvelle. Sans une once d'hésitation. J'appelle l'un de nos amis, qui habite le couvent. Mes derniers espoirs s'envolent : « Le père Frans a été assassiné, Ziad. Je le tiens dans mes bras, au moment où je te parle. » Un homme masqué s'est présenté tôt ce matin. Seul. Il a demandé à voir Frans. Ce dernier était dans sa chambre. Il est sorti dans le jardin, pour s'entretenir avec ce visiteur impromptu. Et soudain, ce dernier lui a tiré une balle dans la tête. Par-derrière. Puis, il a pris la fuite. « En pleine tête ? Aussi froidement ? » Telle est ma première réaction, entre sidération et incrédulité. « Comment peut-on faire une chose aussi horrible ? » Je lui demande de prendre quelques photos et de me les faire parvenir aussitôt. Il me faut une preuve. Mille pensées se bousculent en moi. Je dois prévenir nos supérieurs. Fébrilement, j'attends les images.

Pourquoi lui ? C'était un homme de paix. Une grande âme. Ses amis étaient de toutes les confessions, chrétiens, musulmans… Qui pouvait avoir intérêt à l'attaquer avec une telle sauvagerie ? Mon téléphone vibre. Les photos. Oh, mon Dieu… C'est bien lui. Frans. Abattu… Je regagne mon bureau en trombe, en m'excusant auprès des trois prêtres qui m'attendent, dépités. Je prétexte une affaire urgente. Deux d'entre eux sont surpris ; ils sont venus de loin. Le troisième pleure : il sait déjà.

Le supérieur des jésuites à Damas ne répond pas. Je presse son assistante d'aller l'interrompre. Elle hésite. La fêlure de ma voix la convainc que quelque chose de sérieux est en train de se passer. Pendant qu'elle monte jusqu'à sa chambre, nous restons en ligne. Elle commence à trembler. « Est-il arrivé quelque chose au père Frans ? » me souffle-t-elle, saisie d'une intuition cruelle. Je n'ai pas le temps de lui répondre. Notre supérieur a repris l'appel. « Tu dois prévenir le provincial à Beyrouth et tout lui expliquer », me conseille-t-il, terrassé par la nouvelle. Je suis son conseil. Notre provincial est en voyage. Mais je parviens à joindre son assistant. Il veut être sûr que la nouvelle est fiable avant de la diffuser, conscient du séisme qui s'annonce. Je lui fais comprendre qu'aucun doute n'est permis. Puis j'appelle le père Ghassan, l'autre jésuite qui vit avec moi à Al-Nouzha. Ghassan est en chemin pour l'ouest du pays où il va donner une retraite spirituelle à des religieuses. Prévenu du drame, il fait demi-tour et regagne Homs sur-le-champ.

* *
*

Un numéro italien s'affiche sur mon téléphone. C'est le jésuite Federico Lombardi, alors porte-parole de la Salle de presse du Saint-Siège, qui cherche à s'assurer que ce que l'on dit est exact. Je lui transmets tout ce que je sais. Aussitôt, il publie une déclaration qui fait la une des médias internationaux : « C'est ainsi que meurt un homme de paix qui, avec un grand courage, a voulu rester fidèle, dans une situation extrêmement risquée et difficile, à ce peuple syrien à qui il avait donné depuis longtemps sa vie et son assistance spirituelle. »

Le nonce apostolique à Damas nous transmet les condoléances du pape, qui exprimera lui-même sa « profonde douleur » lors de l'audience générale du 9 avril 2014, deux jours plus tard. « Son assassinat brutal (...) m'a fait penser à nouveau aux nombreuses personnes qui souffrent et meurent dans ce pays martyrisé, en proie depuis trop longtemps déjà à un conflit sanglant, qui continue de semer la mort et la destruction. Je pense également aux nombreuses personnes enlevées, chrétiens et musulmans, syriens et d'autres pays, parmi lesquelles des évêques et des prêtres. Demandons au Seigneur qu'elles puissent être rendues bientôt à leurs proches, à leurs familles et à leurs communautés. »

Il est temps que je prévienne l'équipe du centre Saint-Sauveur. J'essaye de faire bonne figure, de ne pas craquer devant eux. Je leur demande de préparer le centre et l'église pour accueillir tous ceux qui se sont mis en route pour partager notre peine. Les religieuses fondent en larmes. Je les réconforte de mon mieux, puis je regagne ma chambre, épuisé par cette terrible journée. Et là, enfin seul, je m'effondre à mon tour. J'enfile des vêtements propres, je me lave le visage. Puis je demande à Georges de préparer la voiture. Nous devons sans plus attendre négocier la sortie du corps du père Frans hors de la vieille ville.

Notre provincial, le père Victor, me rappelle peu après. Il pleure son ami. Sa voix est étouffée par les sanglots. Combien de fois m'a-t-il supplié de convaincre Frans de quitter la vieille ville pour s'installer au centre Saint-Sauveur ? C'était peine perdue, on l'a vu. Victor regrette amèrement de ne pas être à nos côtés, mais me promet de nous rejoindre dans quelques jours. Une semaine plus tard, nous célébrons une messe d'action de grâce pour Frans à Damas.

Après la lecture de l'Évangile, le père Victor prend la parole : « La mort violente du père Frans nous atteint au plus profond. Mais elle n'atteint pas notre espérance. Elle est en parfaite cohérence et syntonie avec les enseignements de l'Évangile. Elle est dans la logique absolue de la suite du Christ. Le père Frans avait envisagé cette éventualité et l'avait assumée pleinement. Je peux vous dire qu'il était dans une véritable paix et qu'il allait au-devant de son destin en toute solidarité, détermination, compassion et amour. Ayant aimé les siens, qui étaient en Syrie, il les aima jusqu'au bout. »

* *
*

À 11 heures, le lendemain, je reçois l'appel d'un ami qui a vécu au couvent auprès du père Frans avant de se réfugier au Liban. Depuis, il s'est marié, et cette nuit même, sa femme a donné naissance à un fils. En pleurs, il me confie qu'il l'a baptisé « Frans », sans même avoir eu écho de la mauvaise nouvelle. Quelle émotion pour moi ! J'y vois un signe de la Providence. Frans est mort. Mais un autre Frans vient de naître. En dépit de notre peine, louons notre Seigneur !

Avec Georges, nous nous rendons jusqu'à l'hôtel où la mission des Nations unies a établi son quartier général, à 10 minutes de notre centre. Un ange passe dans l'habitacle. L'émotion est trop forte pour parler. Nous sommes reçus par la délégation. S'ensuit une négociation en vue de faire sortir le corps de Frans, pour pouvoir célébrer ses funérailles en l'église Saint-Sauveur. Nous tenons à l'inhumer dans notre carré jésuite à l'est de Homs.

Longue journée de conciliabule avec les chefs de la police, de la sécurité, les responsables d'un côté comme de l'autre, les acteurs humanitaires. Pour rien…

De retour chez moi, je trouve les membres de notre équipe vêtus de noir et blanc, une photo du père Frans épinglée à leur boutonnière, ornée d'un ruban noir en signe de reconnaissance. Ce geste m'émeut, plus que je ne saurais le dire. « Nous devrions plutôt arborer un ruban blanc, car Frans est notre martyr ! » leur dis-je. Un large sourire se dessine sur leur visage, dissipant la tristesse et l'amertume. Des agrandissements du même portrait ont été disposés dans l'entrée et dans la salle principale. Qu'il est réconfortant de voir nos jeunes, nos volontaires et nos paroissiens unis dans la douleur ! Sont présents, aussi, les trois évêques de Homs : grec-orthodoxe, grec-catholique et syriaque orthodoxe, sans oublier des représentants des églises syriaque catholique, maronite et protestante, des prêtres et des religieuses, des amis chrétiens et musulmans. Jamais, en trois ans, je n'ai vu autant de personnes d'horizons si divers réunies en un même lieu. À 18 heures, nous improvisons une messe. Une parenthèse œcuménique d'une force rare, qui bouleverse tous les témoins présents. Le père Ghassan préside la célébration.

Peu avant, j'ai pu m'entretenir avec les résidents de notre couvent dans la vieille ville. Je leur ai demandé de ne rien entreprendre sans l'accord des jésuites.

« Nous avons lavé le corps, me confient-ils.

– Très bien. Maintenant, il faut le revêtir de ses habits sacerdotaux. »

Ensemble, nous récitons au téléphone la prière des défunts, tandis que le corps de Frans est mis en bière dans l'église du couvent. Cette séparation physique me déchire le cœur. Le père Frans a célébré tant de funérailles pour les autres. Mais pour ses propres obsèques, il n'y a pas de prêtre. Quelle fatalité ! Ceux de la vieille ville souhaitent l'ensevelir dans le jardin du couvent. « Il a vécu si longtemps parmi nous. C'est mieux qu'il reste pour toujours à nos côtés, plaident-ils. Si Frans était là, il dirait la même chose ! » Je leur rétorque avec délicatesse que Frans n'a jamais exprimé un tel désir de son vivant. À vrai dire, nous ne parlions pas de ces sujets-là. À son supérieur, peut-être, il aurait pu s'en ouvrir. Mais il ne l'a pas fait. Nos responsables sont formels : il est préférable d'inhumer son corps dans notre cimetière. En attendant l'issue des négociations du lendemain, Frans repose dans l'église du couvent.

La télévision nationale néerlandaise a interrompu ses programmes pour rendre hommage à ce concitoyen, dont le décès a été annoncé par le ministère des Affaires étrangères. Fin 2014, cette même chaîne de télévision désignera le père Frans comme la personnalité la plus marquante de l'année devant de nombreuses figures internationales, en raison de l'universalité de son témoignage.

Ma boîte mail est remplie de messages de condoléances émanant de proches ou d'inconnus. Mon téléphone est saturé d'appels en absence. Des responsables associatifs, des acteurs humanitaires, et même des ministres étrangers saluent l'héroïsme de Frans. Impossible de les remercier tous. Épuisé, je me contente de répondre aux jésuites. Cette nuit-là, je tarde à m'endormir. Mon murmure orphelin se perd dans l'obscurité de la chambre : « Frans, mon pauvre Frans… »

Le lendemain, de bonne heure, nous retournons à l'hôtel avec Georges, plus décidés que jamais à faire pencher les négociations en notre faveur. Le chef de la mission onusienne a déjà contacté les agents de la sécurité et les rebelles pour accélérer le transfert de la dépouille. Mais il reste deux inconnues de taille : par quel quartier tenter ce passage à haut risque ? Et à quelle personne de confiance confier l'opération ? Je leur conseille de privilégier le secteur de Bab-al-Sibbah, proche de chez nous. Les rebelles n'ont qu'à déposer le cercueil sur un chariot, dans la rue principale qui relie Al-Safsafeh à Bab-al-Sibbah. Et c'est moi qui m'introduirai dans la vieille ville pour faire sortir le corps. Refus catégorique de mes interlocuteurs. Trop risqué. Quelqu'un pourrait me prendre pour cible, et imputer la bavure à l'autre camp. Ils ne veulent pas perdre deux prêtres d'un coup. La discussion semble bloquée. Encore une fois, nous remettons la décision au lendemain.

De retour chez moi, je retrouve le supérieur des jésuites pour la Syrie, qui vient d'arriver de Damas avec plusieurs amis. Un vrai réconfort pour nous tous. Nous tombons d'accord pour enterrer sans tarder Frans dans le jardin de Boustan-Diwân, et annoncer en parallèle une messe de funérailles en l'église Saint-Sauveur à midi. Nous n'avons pas d'autre choix. Je demande à nos amis du couvent de creuser une fosse dans le jardin et d'y enfouir le cercueil, préalablement enveloppé dans un grand sac en nylon. Pour le faire descendre, je suggère d'utiliser deux cordes, placées à chaque extrémité. Et si possible, de les laisser dépasser au niveau du sol : si les négociations devaient aboutir, elles faciliteront le retrait du cercueil. Mais personne ne doit être au courant d'une telle éventualité. Officiellement, Frans reposera dans le couvent dont il était la figure tutélaire depuis tant d'années.

Le soir, nous accueillons tous les jésuites syriens qui ont convergé à Homs, en dépit des risques encourus sur les routes. Ils viennent de Damas, d'Alep… Il y a dans cette foule des pères, mais aussi des membres des équipes CVX et des mouvements créés par le père Frans, comme Al-Massir, le centre Al-Ared… Des voisins sont venus nous prêter main-forte pour les recevoir. Certains se proposent d'héberger nos hôtes, car les places manquent dans notre résidence. La mort de Frans réussit le tour de force de rassembler des personnes qui ne s'étaient pas vues depuis trois ans. Ensemble, nous célébrons la messe. Un moment d'une intensité poignante. Les larmes coulent sur les visages. L'émotion nous submerge. Avant de nous séparer pour la nuit, nous mettons sur pied la cérémonie d'obsèques du lendemain : réception des proches, déroulement de la liturgie, répartition des homélies et des hommages, organisation du déjeuner…

Déterminé à rapatrier le corps de Frans, je me rends dès l'aube jusqu'à l'hôtel où se trament d'interminables négociations. Fin de non-recevoir. Il faudra faire sans le corps. En ce mercredi 9 avril, à midi précis, la cérémonie peut commencer. Un grand nombre d'évêques et de représentants religieux sont là. Et bien sûr des fidèles, des habitants, des membres de notre comité de réconciliation et de nos diverses œuvres. Même le gouverneur de Homs a fait le déplacement. Parmi tous les invités, il en est un dont la venue m'émeut plus que tout. Il s'agit de Hussam, ce jeune porteur d'un handicap, dont je vous ai déjà parlé. Frans l'aimait tant. Hussam est venu avec sa mère. Ils ont quitté la montagne pour être à nos côtés. Peu avant l'assassinat de Frans, j'ai pu leur rendre visite, dans le village où ils ont trouvé refuge. En me réveillant ce matin, j'ai eu un sursaut : « Hussam doit être là pour dire adieu à son ami. » Aussitôt, j'ai dépêché sur place une personne de confiance, pour aller les chercher tous deux et leur permettre d'assister aux obsèques. À son arrivée, Hussam se met à pleurer et à crier en comprenant ce qui nous rassemble. Sa présence est un signe de grâce pour nous tous. Durant toute la célébration, il se tient à côté de moi, et selon son habitude, met tout son cœur pour servir la messe. C'est comme s'il percevait la présence invisible et mystérieuse de Frans, qui l'encourage à donner le meilleur de lui-même. Sa proximité me console d'une manière inouïe.

Ô Frans, l'ami de tous…

C'est ce visage de toi que je voudrais garder.

L'église et la cour grouillent de monde. Nous avons vécu une célébration très digne, malgré la tristesse et la pâleur des visages, et ces regards qui semblaient dire : « Pourquoi ? » Pourquoi Frans ? Pourquoi une fin aussi tragique ? Le moment le plus fort restera sans conteste l'homélie prononcée par le supérieur des jésuites de Syrie. Je l'entends encore marquer un silence, après avoir si bien parlé. Sa voix ne sort plus. Des larmes humectent ses yeux. Il trouve la force d'ajouter ces mots déchirants, dont la justesse fait chavirer l'assemblée : « Si l'assassin de Frans avait planté ses yeux droit dans les siens, il aurait renoncé à tirer, car il aurait été empli de son amour et de son amitié. »

De même, nous ne nous attendions pas à ce que le gouverneur prenne la parole. Quelle ne fut pas notre surprise lorsqu'il s'est avancé pour déclarer avec solennité que « le père Frans n'est pas seulement le martyr des chrétiens, mais celui de toute la ville de Homs et de la Syrie, de tous les Syriens chrétiens et musulmans » ! Pour nous tous, ces mots empreints de respect résonnent comme une reconnaissance officielle de l'engagement de Frans, et au-delà, de toute notre communauté, au service du bien commun. Quant à notre père général Adolfo Nicolás, il nous a fait parvenir de Rome un message soulignant que « le Père Frans demeure un homme de réconciliation entre générations, entre communautés, entre chrétiens et musulmans, entre tendances culturelles ou politiques… »

Depuis l'annonce de la mort de Frans, il y a trois jours, la sécurité a été nettement renforcée dans notre quartier d'Al-Nouzha. Mais au cours de la célébration, il m'a semblé que les agents étaient anxieux. Sans doute en raison de la présence du gouverneur et du nonce, ai-je pensé. Ce n'est que lors du déjeuner qu'un policier est venu me trouver, en me glissant à voix basse qu'il était préférable de ne pas traîner à table, et de renvoyer les gens chez eux. J'ai remarqué aussi que la police avait interdit aux invités de stationner leurs véhicules à proximité de l'église. Le même agent finit par m'avouer que le risque d'un attentat à la voiture piégée est réel, et qu'une explosion peut survenir à tout moment. Avisé de ces inquiétudes, j'interromps discrètement le nonce apostolique, en lui suggérant de regagner Damas sans tarder. Je lui fais part des menaces pesant sur notre rassemblement. Il acquiesce. Je charge nos volontaires de faire sortir les convives dans le calme. Une demi-heure après leur départ, la résidence est secouée par une violente explosion. Voiture piégée. Dieu merci, les auteurs de l'attaque ont posté leur engin de mort à 200 mètres de notre église, protégée par les barrières de sécurité. Nous étions hors d'atteinte. Nous apprendrons néanmoins que l'attentat a fait plusieurs morts. Même durant les obsèques, les idées diaboliques continuent de tisser leur toile, pour prendre d'autres vies…

En regagnant ma chambre après cette journée éprouvante, je repense à ce jour de 2012 où les balles ont manqué Frans à Boustan-Diwân. Cette fois-ci, la balle a atteint sa cible. Et pourtant, elle n'a pas réussi à le faire taire car la force de sa parole a profondément touché notre peuple, qui a tant besoin d'une voix capable de le purifier du mal causé par la violence. Frans est notre nouvel Isaïe, qui crie dans le désert de notre société moderne. Sa voix continue de nous encourager à tracer des routes menant au Dieu qui sauve.

Comment imaginer qu'un homme de paix puisse connaître une telle fin ? Cela faisait vingt ans que nous nous connaissions, Frans et moi. Je n'ai jamais cru un seul instant qu'il puisse s'être fait ne serait-ce qu'un ennemi. Frans aimait tout le monde. Ses lèvres ne parlaient que de paix. Frans savait reconnaître la part de bonté en chaque être. Tous ses actes visaient à rassembler les Syriens, chrétiens et musulmans. Même dans les pires moments de la guerre. Il avait l'art d'accueillir chacun tel qu'il est : adulte, enfant, handicapé, bien portant, juste ou pécheur… Jamais je ne l'ai entendu critiquer quiconque sérieusement. Au cours de ce conflit atroce, il fut un pont vivant. Un apôtre de la réconciliation. Frans est devenu l'exemple du serviteur fidèle du livre d'Isaïe (42,2-3) : « Il ne criera pas, il ne haussera pas le ton, il ne fera pas entendre sa voix au-dehors. Il ne brisera pas le roseau qui fléchit, il n'éteindra pas la mèche qui faiblit, il proclamera le droit en vérité. » Mais nous autres, Syriens, n'avons pas su préserver cet homme de la laideur et de la haine qui nous déchirent. Cet homme de paix, cet homme de pardon, cet homme qui a aimé la Syrie et les Syriens, en particulier les habitants du vieux Homs. Jusqu'au bout…

* *
*

La nostalgie du sang

En dépit du choc causé par l'assassinat de Frans, je veux continuer à relayer son combat pacifique. Les mots du prophète Habacuc, dans l'Ancien Testament, me donnent la force de rester debout. Le Mal veut toujours cerner le juste. Mais le juste vit par sa foi. Dans un troublant jeu d'échos, chrétiens et musulmans ont affirmé après la mort de Frans que nous devions honorer la mémoire de ce juste, en poursuivant sa mission de paix et d'unité.

Dont acte. Après l'évacuation de février, plusieurs rencontres se sont succédé pour tenter d'obtenir un cessez-le-feu. L'élection présidentielle aura lieu en juin et les Syriens sont las de la guerre. Dans le sillage de la seconde conférence de Genève, les tractations en cours mobilisent plusieurs organisations syriennes et internationales. Une solution se dessine pour Homs : le gouvernement consent à laisser sortir les rebelles retranchés dans la vieille ville. En échange, l'opposition s'engage à desserrer l'étau autour de Noubl et Al-Zahraa, deux villages chiites assiégés dans la province d'Alep, en favorisant l'ouverture d'un corridor humanitaire. L'évacuation est programmée le mercredi 7 mai.

Le 4, le responsable des Nations unies m'invite au QG de la délégation, dans un hôtel de Homs. Il m'expose le scénario d'une évacuation des rebelles en autocar, la semaine qui suit. Les insurgés ont exigé la présence de prêtres à leurs côtés, afin de garantir leur sécurité pendant leur voyage jusqu'au secteur de Dar-al-Kabira, au nord de Homs, tenu par les opposants.

Avant d'accepter, je consulte mes supérieurs et les évêques locaux. Des prêtres sont dépêchés à l'hôtel, pour m'entourer. Nous acceptons la demande des rebelles, en convenant de n'en parler à personne.

Le mardi soir, Georges me reconduit dans notre résidence. Il fonce dans les rues désertes, pied sur le champignon, par crainte des tireurs embusqués. « Et demain, Ziad, as-tu besoin de moi pour aller quelque part ? » Je n'ose lui révéler la mission que je viens d'accepter. S'il l'apprend, c'est certain, il voudra m'accompagner… Et je ne peux lui faire courir de tels risques. Arrivé au centre, une des sœurs s'empresse de me questionner : « Participes-tu à la mission spéciale qui aura lieu demain ? » Comment est-elle au courant ? Elle me signale que l'un des prêtres volontaires est venu la voir dans l'après-midi, pour se recommander à sa prière. Bref, la nouvelle est éventée. Tout finit par se savoir, dans notre ville… Que Dieu nous protège ! Pressé d'interrogations, je botte en touche, prétextant un accès de fatigue. « Nous reparlerons de tout ça demain matin. » Avant l'aurore, je quitte furtivement le centre. L'un des prêtres est venu me chercher. Direction l'hôtel où nous attendent les représentants des Nations unies, le gouverneur de Homs et les autres prêtres. Sur la dizaine pressentis, seuls cinq seront finalement du voyage. Les autres ont dû renoncer à cette mission à l'issue incertaine. Nous devons consentir à cette part de risque.

Petit déjeuner à l'hôtel. Le chef de la mission onusienne nous rappelle le cadre et le déroulé précis de l'opération. Le gouverneur, lui, nous remercie de contribuer à l'effort de paix. Nous prenons place dans plusieurs véhicules, sous escorte policière. Cap sur la grande mosquée Khalid ibn al-Walid, où est prévu l'échange. Mon cœur se serre en découvrant ces rues que je n'ai pas revues depuis 2012. Je n'imaginais pas un tel degré de dévastation. L'effarement se lit sur nos visages. Une douleur à vous fendre l'âme.

Des langues de fumée noire serpentent au-dessus des ruines : les rebelles ont brûlé leurs véhicules, leurs documents et archives, afin de ne laisser aucune trace. Le transfert se prépare. Sont postés d'un côté le général, les soldats, le gouverneur, les membres des Nations unies, et de l'autre, le cheik et le journaliste envoyés par les rebelles pour les représenter, eux-mêmes se tenant en retrait avec leurs familles. Une dizaine de mètres séparent les deux groupes. Les coordinateurs demandent que personne ne franchisse la ligne médiane, à l'exception des prêtres. Au signal, nous rejoignons les rebelles, dont nous fouillons les valises et les sacs, comme cela nous a été demandé. On nous a fait comprendre que nous pouvons fermer les yeux sur l'argent, les bijoux… Mais pas sur les explosifs.

Les militaires et les rebelles ont interdiction de se parler. Les médiateurs des Nations unies traitent en direct avec les coordinateurs des deux camps. Seul le général rompt le silence, pour nous inviter à revérifier attentivement tous les bagages. Les photos sont interdites, d'un côté comme de l'autre. À plusieurs reprises, nous sommes contraints d'interrompre l'opération, pour rappeler cette règle. Un émissaire des Nations unies efface lui-même les images des appareils, pour préserver la confidentialité de ce transfert à haut risque. Nous sentons combien la situation est précaire, et le risque de malentendu, immense. Des milliers d'armes circulent dans la vieille ville, aucun démantèlement n'a pu être organisé. Et nous sommes à découvert. Tout peut arriver…

Simples prêtres, nous ne maîtrisons rien. Nous faisons juste notre devoir humanitaire. Notre objectif est de servir la paix, de contribuer à la réconciliation. Mais l'opération est d'une lenteur terrible. Nous patientons plusieurs heures sous un soleil de plomb. Il n'y a pas assez d'eau pour tout le monde. La nourriture manque. L'ambiance est lourde. On sent dans les regards des soldats comme des rebelles tout le poids du ressentiment, de la rivalité, une tension susceptible d'exploser à chaque instant. Pendant des mois, ils se sont livré une guerre féroce. Ils se toisaient de loin, les voilà face à face…

Les termes de l'accord prévoient que chaque rebelle puisse porter trois armes légères : un pistolet, une grenade et un fusil. Dans chaque autocar, deux armes lourdes — une mitrailleuse et un lance-roquette RPG — sont tolérées. Pas davantage. En plus des rebelles et des familles, chaque véhicule accueille un prêtre et un chauffeur civil. Ce dernier a interdiction d'adresser la parole aux rebelles. Toutes les vitres sont calfeutrées avec des cartons, pour éviter toute provocation. Les autocars se mettent en route, avec une quarantaine d'occupants à leur bord. Parmi eux, des blessés, des invalides et des malades. L'un d'eux me glisse à l'oreille qu'il était temps de partir : « Nous n'avions plus ni médicaments ni nourriture. » La faim commençait à tenailler les corps. Il me raconte qu'ils en venaient à dévorer des pigeons… Des tags sans équivoque ont été inscrits sur les murs du quartier : « On mange et on revient. »

Un véhicule de l'ONU escorte le convoi. Tous les 500 mètres, des agents sont postés, pour superviser le dispositif. Enfin nous voilà sur la route de campagne qui mène à Dar-al-Kabira, où se trouve le dernier checkpoint tenu par l'armée et les Nations unies. Les rebelles doivent y déposer leurs armes lourdes avant de poursuivre leur chemin. Des hommes encagoulés montent à bord. Ils comptent les passagers, s'enquièrent de la présence de l'une ou l'autre de leurs connaissances. À notre arrivée, chacun reçoit un sac contenant de la nourriture, des fruits et une boisson. Des tirs de célébration ponctuent ces instants de délivrance. De nombreuses personnes sont venues accueillir leurs proches. Cris de joie claquant dans l'air.

Quel sentiment étrange, dans ce panorama chaotique ! Cela faisait trois ans que je n'avais pas visité ces lieux. Jamais je n'ai vu une telle misère. Prudemment, je reste dans l'autocar. J'ai trop peur d'être pris en otage. Avant que nous fassions demi-tour, quelques personnes nous remercient pour notre geste courageux. D'autres me confient des documents officiels pour leurs proches restés à Homs, ou des messages à transmettre au gouverneur. Je leur explique qu'en vertu de l'accord, il me faudra tout remettre au comité de négociation. Ce qu'ils acceptent.

Nous pensions accompagner quelques centaines de rebelles. En réalité, ils sont près de 2 000, sans compter les enfants, les femmes et les personnes âgées, pris en charge par les véhicules du Croissant-Rouge.

L'opération dure trois jours. Ce va-et-vient continu nous épuise. L'ambiance n'a rien de rassurant. L'un des autocars, celui où je me trouve, subit un retard de trois heures. L'atmosphère est étouffante, les esprits s'échauffent. Un rebelle se lève, hors de lui, en menaçant d'actionner la ceinture explosive qu'il a réussi à dissimuler. Panique à bord. Je vais le trouver : « Calmez-vous, s'il vous plaît, cela ne sert à rien… » Puis je demande à voir les responsables de l'opération pour accélérer le mouvement. Une autre fois, en voyant un rebelle avec un gilet de combat, les soldats se sont mis à hurler : « Retire ça tout de suite ! Donne-le-nous ! » Ce gilet appartenait à l'un de ses compagnons décédés. Il veut le garder en souvenir. On le lui restitue. Une autre fois encore, un insurgé demande à voir le gouverneur. Ce dernier accepte. Soudain, nous nous apercevons que le combattant tient une grenade dans sa main gauche, sans que personne n'ait rien remarqué. Le gouverneur reste stoïque : « Allez la déposer plus loin, et nous parlerons. » Il faut reconnaître qu'il a orchestré toute cette mission avec beaucoup de maîtrise et de précision. Des deux côtés, on le respecte.

L'ambiance dans les cars a quelque chose d'enivrant et de trouble. Ces combattants entonnent des chants d'adieu à leur ville, où s'entremêlent la douleur et l'espoir. On me demande des cigarettes : je ne fume pas, désolé. Les voilà qui tentent de soudoyer le chauffeur, dont le paquet est calé sur le tableau de bord. « On est prêts à te donner beaucoup d'argent pour quelques cigarettes ! » scandent-ils bruyamment. Conscient de leur nervosité, cet homme bon leur distribue tout ce qu'il a sur lui. Ah, si vous les voyiez fumer à pleins poumons, faisant tourner les mégots d'une banquette à l'autre, comme un précieux trésor. Ces quelques grammes de tabac représentent une joie inestimable pour eux. Depuis trois ans, ils survivent dans des conditions atroces. Quitter la ville est un échec douloureux pour ces hommes, qui pleurent des larmes de sang. Certains se fendent d'une ultime bravade, comme pour se convaincre eux-mêmes que tout n'est pas perdu : « Nous sommes partis parce que nous avions faim. Quand nous serons retapés, nous reviendrons. Et nous libérerons notre ville ! » Certains fustigent leurs chefs, et les membres de l'opposition installés à l'étranger. Ils se sentent trahis. D'autres se montrent plus philosophes : « Telle était la volonté de Dieu. C'est notre destin et nous l'acceptons. » Ces hommes n'ont pas été vaincus par les armes. Mais par la faim.

Certains visages me sont familiers. Des habitants des quartiers voisins, qui ont embrassé la cause des insurgés. De nombreuses rumeurs ont été colportées pendant le siège : on a prétendu notamment que des combattants étrangers étaient venus grossir les rangs de l'opposition. En réalité, la majorité étaient homsiotes. Des prêtres et des membres du comité de réconciliation me l'ont confirmé. J'en connaissais certains qui travaillaient comme ouvriers avant la guerre. D'autres étaient étudiants. Sans oublier ceux que j'ai connus enfants et qui, après trois ans, sont devenus de jeunes hommes aptes au combat. Ahmad est l'un d'eux. Je me souviens de lui, lorsqu'il était élève dans l'école jouxtant notre couvent.

« Pourquoi as-tu lâché tes études ? ai-je demandé.

– Je suis fier de porter les armes, plastronne-t-il, tout sourire. C'est bien mieux que l'université. »

Je comprends en l'écoutant qu'on lui a lavé le cerveau à coup de fanatisme islamiste, d'appels au djihad et autres slogans intégristes. Quelle tristesse…

Il est loin, le temps où tous ces hommes œuvraient de leurs mains, dans les garages, les petits ateliers. Les voilà combattants, par choix idéologique ou simplement pour combler le temps libre, dans une ville assiégée où il n'y a plus d'emploi. Des bribes d'histoires me parviennent. Bombardements, massacres, meurtres, deuils, blessures… Peu à peu se dessine une cartographie de l'horreur, qui me laisse un goût amer : comment notre pays a-t-il pu laisser le Mal prendre une telle place ? Longtemps, nous avons vécu dans la paix, la sécurité et l'amitié. Qu'est-il arrivé pour que toutes ces haines s'immiscent jusque dans nos maisons ?

Certains disent avoir pris les armes pour des raisons politiques et sociales ; la guerre est pour eux un moyen de résister. D'autres assument une vision extrémiste de l'islam. Leur discours me paraît fondamentaliste et borné. L'un d'eux n'exprime qu'un désir : se venger de tous ceux qui sont différents de lui, ne partagent pas sa foi. Il cite des versets du Coran appris par cœur, sans aucun discernement. Ses affirmations, sur le plan théologique, ne me semblent pas très étayées. Plusieurs d'entre eux brandissent le même petit livre, qui décrit les principes du djihad. Je leur rétorque que, selon moi, l'islam prêche aussi la paix et la miséricorde, le prophète Mohammed lui-même souligne que le djihad le plus important est intérieur. C'est celui du cœur, le combat contre soi-même. Je les encourage à étudier l'islam dans toutes ses dimensions, à se confronter des enseignements différents. Mais ce n'est pas le bon moment, je m'en rends compte, pour engager un dialogue intellectuel avec des hommes qui risquent leur vie et sont sur le point de tout perdre.

Et le père Frans ? L'ont-ils connu ? Que savent-ils des circonstances de sa mort ? Ils me racontent beaucoup d'histoires sur lui. Tous le dépeignent comme un homme juste, un être de paix, aimant et serviable. « Un saint homme », reconnaît même un insurgé. L'un de ses compagnons me confie que Frans rendait régulièrement visite à sa fille handicapée. Un autre, qu'il a soigné ses proches souffrant de troubles psychiques, avec une patience infinie. « Mon fils était traumatisé, le père Frans l'a guéri, affirme-t-il. Plusieurs fois, il est venu chez nous malgré les bombardements. Je ne l'oublierai jamais. » Tous se souviennent qu'il visitait les personnes âgées, soucieux de leur santé. Rien ne me surprend vraiment. J'ai bien connu Frans. Ce portrait lui ressemble. Je suis si fier de lui…

Concernant son assassinat, les versions se contredisent. Qui croire ? Chacun pointe la responsabilité du camp adverse, parfois même une brigade rebelle concurrente… À les écouter, ils sont tous innocents. Personne n'assume sa mort. La main sur le cœur, certains vont jusqu'à clamer que, s'ils l'avaient su menacé, ils l'auraient protégé.

Le deuxième jour de l'évacuation se passe mieux. Comme si la haine entre les rebelles et les soldats avait décru. J'en ai vu un qui donnait à manger et à boire aux insurgés, tandis qu'un autre leur tendait un paquet de cigarettes. La veille encore, c'était impensable. Ces scènes fugitives rappellent, à qui veut s'en convaincre, que nous formons un même peuple. Nous devons trouver un moyen de bâtir la paix. Il est urgent de construire des ponts entre les êtres, quelle qu'ait été leur histoire pendant la guerre. Rebelles ou soldats, tous sont épuisés par ces années de conflit. Sans en avoir clairement conscience, ils aspirent au fond d'eux au repos. Il est temps de remiser les armes.

Ce départ de la rébellion de Homs est un moment important dans cette guerre qui ronge notre pays. Notre ville fut la deuxième à s'embraser, juste après Deraa. Cette sortie de crise, certes circonscrite, constitue un symbole très important. Elle montre que tout est possible, pour peu que les deux camps consentent à des efforts. « Ce n'est pas la force ni les armes qui vont résoudre le conflit, mais les accords, la concertation », disait souvent Frans. Il avait raison. Notre planche de salut, c'est la réconciliation. Elle seule. L'évacuation de la vieille ville, après deux ans et demi de guérilla acharnée, le prouve. Seul un accord aura permis d'obtenir un cessez-le-feu. Certes, ce fut long. Mais nous y sommes parvenus.

Les rebelles sont maintenant au nord de Homs. Là-bas aussi, les combats font rage. Tout n'est donc pas entièrement résolu. Un nouveau processus de négociation devra être enclenché. Nous apprendrons bientôt que de nombreux combattants, sitôt évacués, ont rejoint le front d'Alep, puis celui d'Idlib…

Le 8 mai au soir, le dernier autocar se met en route. Notre mission est terminée. Il est l'heure de rentrer chez nous. Mais j'ai un mauvais pressentiment. Je demande à l'un de nos évêques l'autorisation d'entrer immédiatement dans la vieille ville, pour sécuriser nos églises. J'ai peur que des bandits nous devancent et détruisent ce que Frans et quelques autres ont préservé avec ardeur dans les pires moments. J'en fais part au chef militaire. « Trop risqué. Tant que les démineurs n'ont pas ouvert la voie, on ne fait rentrer personne. »

Après la mort de Frans, on m'a appris qu'il avait laissé derrière lui un cahier rempli de notes et de souvenirs. Nos amis du couvent m'ont promis de ne l'ouvrir sous aucun prétexte, et de le garder en lieu sûr. Cela ne m'empêche pas d'être anxieux. Je crains que le cahier soit détruit lors d'une prochaine attaque. Les rebelles évacués, toute menace n'est pas dissipée. Loin de là. Lorsque nous avons fouillé les valises des insurgés, l'un d'eux m'a parlé d'un important dépôt confié au père Frans, dans notre couvent. Je n'ai pas tout compris. Puis un autre m'a fait une confidence identique. Et encore un troisième. J'ai demandé à l'un des prêtres qui connaissait bien Frans, s'il avait eu vent de quelque chose. Mais non. Surpris et intrigué, je me suis dit que j'y verrais plus clair en entrant dans le couvent. Pourvu que personne ne l'ait pillé avant mon retour…

Après l'évacuation, des ouvriers s'activent pour déblayer les rues menant au centre-ville. De nombreux habitants sont venus fêter cet événement, comme si c'était leur victoire. D'autres pleurent leurs disparus, leur maison, leur ville… La confusion est totale. Profitant du désordre ambiant, je propose aux prêtres qui m'entourent de me suivre discrètement, pour que nous allions nous recueillir sur le tombeau de Frans. Cinq minutes de marche nous séparent du couvent. Personne ne nous a vus. Nous voilà, pleins de larmes, devant la sépulture de notre ami. Des roses ont été déposées. L'endroit est paisible. Puis les prêtres se rendent à l'archevêché orthodoxe, à deux pas de là. Je préfère, pour ma part, rester au couvent. Vite, le cahier de Frans… Je le confie aussitôt à un ami de confiance qui l'emporte, dès le lendemain, jusqu'à Damas, pour le mettre en sécurité dans notre résidence.

* *
*

Le cœur de l'homme

Au lendemain de l'évacuation des rebelles, il ne reste que 23 chrétiens dans la vieille ville, dont trois dans l'enceinte du couvent. Une émotion irrépressible submerge les survivants qui m'accueillent à la porte. Ils avaient tellement peur. Et pour moi, quelle joie de retrouver ceux avec qui Frans a vécu ses derniers jours. Soit une femme, Wafa, et deux hommes, Nazir et Samaan. Tous originaires du quartier. Je connais ces trois chrétiens de vue : Frans m'envoyait souvent des photos d'eux. J'ai aussi rencontré deux d'entre eux lors de mes visites en 2012. À l'époque, ils ne vivaient pas encore sur place mais fréquentaient déjà la communauté pour les offices, et certaines activités. Wafa est arrivée après l'évacuation de février 2014. Loin de ses proches, elle redoutait la solitude et le chagrin. Nazir, un obus a ravagé sa maison. Quant à Samaan, ami fidèle du père Frans, nous lui avons proposé de s'installer au couvent, pour que le lieu reste habité. Ce sont eux qui nous ont annoncé la mort de Frans. Eux qui ont lavé son corps, avant de le rendre à la terre. Les derniers témoins de sa vie.

En arrivant, dans la soirée, je me recueille, seul, devant sa sépulture. Je médite longuement son témoignage, et celui des pères qui se sont succédé dans cette maison. Le jardin a toujours été un lieu prisé de notre vie communautaire, propice aux échanges informels, que ce soit le matin, après le déjeuner ou le soir. Malgré ma fatigue, mon déchirement, j'éprouve une forme de bonheur à être de retour au bercail, après deux ans. Enfin chez moi. Me reviennent les mots de Frans, quand nous avons dû nous séparer : « Ziad, il est inutile de déplacer les meubles et les biens du couvent vers les autres résidences. Ne t'en fais pas. Tu reviendras très vite et tout sera intact. Je t'attendrai. »

Ce beau jardin, je me souviens comment nous l'avions embelli ensemble entre 2010 et 2011, en replantant des arbres et des fleurs prélevés dans notre domaine Al-Ared. Des personnes handicapées, accompagnées d'un assistant et d'une poignée d'amis, s'étaient retroussé les manches pour nous aider. Un mois de travaux. Frans et moi étions épris de verdure. Nos visiteurs aussi appréciaient ce havre de paix. Wafa et Nazir me racontent comment ils se sont échinés à préserver ce fragile Éden, tout au long du siège. C'était pour Frans une oasis d'harmonie. La beauté des plantes enchantait son regard, comme si ces parcelles de terre résistaient à la cruauté environnante. Même quand l'eau venait à manquer, nos compagnons trouvaient toujours quelques gouttes pour humidifier la terre.

Accablés par la faim, il est arrivé que des assiégés se glissent sous les frondaisons pour piéger des oiseaux. Frans, qui chérissait les volatiles, les sermonnait affectueusement, pétri qu'il était d'une perception très franciscaine de la Création. À ses yeux, la faune et la flore étaient des messagers de paix, reflets de la beauté de l'invisible. Il aimait scruter le passage des saisons dans les nuances des feuillages, écouter le chant du vent dans les branches. Ce jardin était un symbole fort au cœur de la vieille ville. L'un des derniers refuges pour l'esprit et l'âme.

Chaque matin, Frans se levait tôt. Bible en main, il allait méditer, seul, dans cet écrin. Il en profitait pour peaufiner sa prochaine homélie. Lui qui écoutait inlassablement les peines de ses concitoyens avait besoin de s'épancher dans le cœur de Dieu. Cette intimité lui donnait la force de continuer sa mission, attentif et disponible pour les plus fragiles. Dans le livre sur l'écoute qu'il avait publié en Syrie, Frans soulignait l'importance d'entrer en relation profonde avec l'autre, d'être totalement présent à lui. Écouter non seulement ses paroles, mais au-delà, écouter ses gestes, sa manière de parler, son visage, ses mains… « Écouter l'autre en plénitude et le recevoir comme le désert reçoit les rayons du soleil. » Frans incarnait ce qu'il professait. Ce jardin était son parloir.

* *
*

Après m'être recueilli sur sa tombe, je retrouve mes hôtes dans la cour du couvent. Soudain, je réalise qu'ils sont littéralement affamés. Au téléphone, Samaan m'avait fait promettre d'apporter quelques vivres. Dans le marasme de l'évacuation, cela m'est sorti de la tête. Leur déception est terrible. Je m'en veux amèrement… Ces derniers jours, nos trois amis ont survécu en mangeant des touffes d'herbe et des nèfles, dont ils ébouillantent les noyaux avant de les faire frire. C'est d'ailleurs le menu qui m'est servi, ce soir. Sentiment bouleversant de revivre le dernier repas de Frans, qui a dû ressembler à celui-ci.

Au cours du dîner, nous évoquons la vidéo que Frans a mise en ligne sur YouTube, fin janvier 2014, pour témoigner de la résistance de la population assiégée. Il avait lancé un cri de SOS pour mobiliser l'opinion internationale sur une situation aussi cruelle qu'intolérable. Les gens ont fini par avaler tout ce qu'ils trouvaient. Même les dix tortues de Frans ont été dévorées (j'ai retrouvé leurs os et carapaces dans le jardin).

Il fait froid dehors. Tout est silencieux. Notre sécurité ? Personne ne peut la garantir cette nuit. Nous décidons de veiller à tour de rôle, pour prévenir toute intrusion dans le couvent. Blottis dans la salle des retraitants autour d'une cheminée dont la fumée nous fait toussoter, nous savourons herbes et nèfles, rehaussées d'un fond de lentilles. Et nous rions en songeant que c'est là notre dernier « festin », avant le ravitaillement de demain. Nous trinquons à l'amitié, et à la mémoire de Frans.

Dix heures du soir. On tambourine à la porte. Peut-être des pillards. Que faire ? Nous approchons en tremblant, munis de bâtons. « Qui est là ? » dis-je, en essayant de masquer ma peur. « Nous vous apportons du pain », me réplique une voix distinguée, dont j'identifie l'accent du nord de la Syrie. Ce sont deux soldats. Ouf ! En décidant de passer la nuit au couvent, j'ai averti un ami prêtre, ainsi que les autorités ecclésiales et gouvernementales. D'où cette livraison tardive. Quelle aubaine, pour mes compagnons, qui n'ont pas consommé de pain frais depuis des mois ! Je passe le reste de la soirée au coin du feu, à écouter leurs souvenirs avec Frans… Un moment précieux.

Le jour de son assassinat, Wafa avait dû s'absenter pour retrouver une amie, à une centaine de mètres du couvent. Elle n'est revenue qu'à l'appel de Nazir, qui venait de découvrir le corps. Nazir, de son côté, était sorti tôt le matin, alors que Frans dormait encore, pour glaner quelques herbes à manger. En revenant, il a croisé un homme masqué, arme au poing, qui cherchait le père. Nazir lui a répondu que ce dernier était encore dans sa chambre. Devant son insistance, il est allé lui-même frapper à sa porte. Selon Nazir, l'homme aurait alors demandé à Frans de le suivre chez lui : « Salam alaykoum » a répondu Frans, avant de le conduire jusqu'au jardin. « Si tu veux parler, on parle ici. » Et il s'est assis. C'est à cet instant qu'il a été abattu. Une balle. En pleine tête. L'assaillant a ensuite menacé Nazir, avant de prendre la fuite. De retour, Wafa a pansé la plaie, tandis que Nazir est allé chercher Samaan. Ce dernier a mobilisé d'autres voisins, pour transporter le père jusqu'à l'hôpital de campagne des rebelles, tout proche. Peine perdue. Frans était mort. Ils ont dû se résoudre à préparer son corps en vue de l'inhumer, après avoir brûlé ses vêtements souillés de sang.

Tout en les écoutant, je réalise qu'un certain flou entoure l'assassinat. Que s'est-il vraiment passé ? Quelque chose ne tient pas. Je sens confusément qu'il me manque un élément de compréhension. Lors de l'évacuation des rebelles, déjà, j'ai entendu des versions différentes, souvent contradictoires. Un voile de mystère et d'opacité enveloppe les derniers instants de Frans.

Nous convenons de n'en souffler mot à la presse, qui ne manquera pas d'investir la vieille ville, dès demain, pour rencontrer les habitants. Il faut éviter tout malentendu. Nazir, en particulier, me préoccupe. Depuis la mort de Frans, il semble en état de choc, profondément meurtri. Son comportement peut être imprévisible.

Le lendemain, comme je le pressentais, de nombreux médias me contactent. Je tente de faire passer un message de réconciliation, en espérant qu'il trouve un écho auprès de la communauté internationale. Il est temps que les habitants de Homs puissent vivre en paix et en sécurité, que nous reconstruisions les églises, les mosquées et les maisons, sans quoi les gens ne reviendront pas s'installer dans leur quartier.

Le jour suivant, la perspective de voir les habitants rentrer se précise. Parmi nos fidèles, beaucoup sont impatients. Mais pour l'heure, l'armée bloque l'accès au cœur historique de la ville. Certaines maisons sont piégées, nombre d'obus n'ont pas explosé. La situation, sur le plan sécuritaire, reste très précaire. Des démineurs sont à pied d'œuvre. Dès que les ordures de la guerre auront été nettoyées, les civils pourront revenir. Malheureusement, deux jeunes hommes du quartier ont bravé cette interdiction. Leur appartement était piégé. L'explosion en a tué un sur le coup, blessant grièvement l'autre. Ce furent les premières victimes du retour dans la vieille ville. Il faudra attendre le 10 mai pour que les civils rentrent chez eux.

Georges, lui, a pu passer grâce à un prêtre, chargé de vivres et de produits de première nécessité. Il nous a fourni de quoi manger. C'est la première fois que nos trois compagnons consomment de la viande et des fruits depuis bien longtemps. Du café moulu, des cigarettes ; il ne manque rien pour les ragaillardir ! Timidement, la joie renaît en eux. Le murmure des passants, après tant de solitude et de doute, repousse la peur. Nous nous octroyons un bon café chaud dans le jardin, comme au temps des jours heureux, entourés de nos employées et de nos amis. Wafa n'a rien perdu de l'art de concocter un succulent café syrien. Une gazinière en état de marche, après des mois au feu de bois, voilà qui change tout ! Notre propre émerveillement face à des choses bien ordinaires nous fait sourire. Je suis saisi d'émotion en entrant dans la cuisine, que nous avions modernisée peu avant le début du siège. Une odeur familière, que j'avais crue perdue, me fait m'y sentir chez moi. Pour un peu, j'en oublierais la guerre. Je me souviens qu'à chaque fois qu'un obus touchait le couvent, Frans accourait. « Ne t'en fais pas, le rassurait-on avec humour, la cuisine n'a rien ! » Et il éclatait de rire. Le souvenir de Frans est partout. Autour de ce café miraculeux, nous commençons à réfléchir. Il va falloir réapprendre à vivre, et penser l'avenir.

Je demande à Samaan et à Georges de m'aider à dresser un état des lieux du couvent. Chambres, salles… Nous devons tout prendre en photo et établir une liste précise afin de restituer chaque objet, chaque document à son propriétaire. Ce tour d'horizon commence dans la chambre que Frans occupait au rez-de-chaussée, depuis que le premier étage de l'aile nord du bâtiment avait été endommagé, en avril 2012. À l'origine, il s'agissait d'un petit salon, destiné aux invités. La pièce est à nu. Pas un fauteuil, pas une chaise. Juste un matelas posé à même le sol, avec oreiller et couvertures. Une armoire. Le sac à dos de Frans est là, comme s'il s'apprêtait à partir en voyage. Le cœur battant, je retrouve son appareil photo, ses vêtements. Ici et là, d'autres affaires personnelles, au milieu d'objets hétéroclites sauvés dans les églises et chez les habitants — livres, icônes… — et consignés dans un registre, que Frans tenait avec minutie. Celui-ci nous sera précieux pour rendre ces biens à leurs propriétaires !

Près du matelas, un livre attire mon attention. Il est en français. Frans le lisait sans doute quand la mort est venue le prendre. C'est celui d'un écrivain allemand, Erich Fromm, *Le Cœur de l'homme*. Je le feuillette avec recueillement. Au plus dur de l'épreuve, Frans a voulu mieux comprendre le cœur humain, ce qu'il recèle, le meilleur comme le pire, afin de mieux cerner le mécanisme de la haine, de la violence. Tout près, une Bible. Des notes manuscrites. Et un Coran bilingue arabe-français.

C'est en mai 2012 que Frans m'a confié qu'il s'attelait à lire le Coran, ainsi qu'un livre présentant les clés de l'islam. « Pourquoi ? » m'étais-je étonné. « Nous devons nous préparer pour les années qui viennent, m'exposa-t-il gravement. Il me semble évident que les mouvances islamistes vont profiter de l'instabilité du monde arabe, après ces soulèvements, pour diffuser leur idéologie. Il est important d'être formé pour pouvoir discuter et négocier avec elles. » Frans était clairvoyant. Je m'en suis rendu compte dans mon bus, au cours de l'évacuation, en dialoguant avec certains rebelles.

J'aimerais retrouver ce fameux ouvrage. Mais impossible de mettre la main dessus. Je me juche sur une chaise pour jeter un œil, par acquit de conscience, au sommet de l'armoire. J'y découvre une liasse de documents signés de la main de Frans et de trois autres personnes. En un éclair, je me souviens des propos confus entendus lors de l'évacuation, il y a quelques jours. Un prétendu « trésor », confié aux bons soins du père Frans. Le sol se dérobe sous mes pieds à la lecture de ces feuillets : il s'agit de vestiges de la plus haute importance pour les musulmans de Syrie et du monde arabe. Ces documents ont appartenu à une grande figure de l'islam, le chef Khalid ibn al-Walid, compagnon de Mahomet mort en 642 à Homs. Ils sont issus du trésor de la grande mosquée de la ville, lui aussi conservé au couvent. J'ignore qui a sauvé ce patrimoine, car personne ne m'en a parlé. Même nos trois hôtes du couvent l'ignoraient. Comme Frans a eu raison d'approfondir sa connaissance de l'islam ! Ses voisins n'ont pas hésité à lui confier, plus qu'un secret, leurs reliques les plus précieuses…

À deux reprises, Frans avait bien mentionné la présence de papiers importants dans sa chambre. Il comptait sur moi pour les mettre en lieu sûr, en cas de besoin. Cet exemple de confiance entre musulmans et chrétiens me fait penser aux clés du Saint-Sépulcre, à Jérusalem, qu'une même famille musulmane se transmet, de génération en génération, depuis huit siècles. Je suis bouleversé de découvrir ce lien entre Frans et la communauté musulmane de Homs. Soudain, mes yeux se décillent. Je fais l'expérience des deux pèlerins d'Emmaüs, telle que nous la rapporte saint Luc. Il me faut explorer encore cette chambre. Lire et relire les notes de Frans. Me remémorer tout ce que nous avons partagé. Les paroles échangées. Déceler en moi le détail enfoui qui me permettra de résoudre l'énigme de Frans, l'histoire incroyable qui était cachée en lui depuis toujours, sans que je le sache. Un sourire béat irradie mon visage. Une joie inexplicable m'envahit. « Nos cœurs n'étaient-ils pas brûlants en nous, tandis qu'il nous parlait sur la route et nous ouvrait les Écritures ? » (Lc 24,32)

Nous montons à l'étage où se trouve l'ancienne chambre de Frans. Hormis les fenêtres brisées, remplacées par des toiles de nylon, tout semble intact. C'est une minuscule cellule, peuplée de livres et de matériel de randonnée. Elle m'apparaît telle que je l'avais quittée. Les mêmes bouquins, les mêmes photos scotchées au même placard, celles de ses parents, de ses amis les plus proches. J'y retrouve une autre version du *Cœur de l'homme* d'Erich Fromm, cette fois-ci en langue arabe. Frans avait l'habitude de naviguer d'une langue à l'autre, pour parfaire ses connaissances. Il visait toujours le mot juste, que ce soit en arabe ou en français. Mais pourquoi lire ce livre dans deux idiomes différents ? Cette question m'interpelle. Frans ne demeurait jamais longtemps dans cette chambre. Il recevait ses invités en bas, dans une petite pièce qu'on appelait abusivement son bureau. S'il s'offrait un peu de temps libre, c'était toujours dans la grande salle communautaire, où il suivait les informations télévisées, et se délectait parfois d'un match de foot, surtout quand la sélection néerlandaise était en lice. Il savourait un jus de fruits, ou l'une de ces crèmes glacées dont il raffolait.

À l'étage, des gravats obstruent les longs corridors. Du sable, de la saleté. L'étage est abandonné depuis que les obus ont endommagé la toiture, rendant plusieurs pièces inhabitables. « Nous réparerons tout ! » rabâchait Frans, indécrottable optimiste. En errant dans ces allées fantômes, je tombe sur des petits baluchons de vivres, de cigarettes, dissimulés un peu partout. Samaan me raconte que les gens accueillis en ces murs étaient devenus si méfiants, acculés par la famine, que chacun s'arrangeait pour survivre comme il l'entendait. Quand venait le soir, certains montaient en douce, pour dissimuler quelques denrées. Enfin, je pénètre dans ce qui fut ma chambre. Le toit éventré a laissé passer la pluie, la poussière. Tout est abîmé. En ressortant, je commence à rassembler dans un carton les effets personnels de Frans, mis à part ses livres, pour les envoyer aux jésuites de Damas.

Partout, toujours ces innombrables souvenirs, ces objets de famille laissés en dépôt au père Frans par ceux qui cherchaient à fuir l'horreur. Pauvre Frans. Il a mis tant d'ardeur à préserver les biens des autres. Et il est mort sans pouvoir les leur restituer.

À l'issue de ce fastidieux inventaire, alors que le soir se profile, nous célébrons la messe dans notre crypte. Puis, autour d'une tisane, nous nous interrogeons sur ce que cette guerre nous a apporté, sinon la destruction, la mort et la division. Lucide, Frans estimait que la seule sortie de crise possible résidait dans la négociation et le dialogue. Il attendait beaucoup de la communauté internationale. Même si « Genève 2 » n'a pas produit tous les effets espérés à l'échelle du pays, cette rencontre aura au moins permis de sauver les habitants de Homs et l'héritage culturel de la ville.

* *
*

À TES PORTES, HOMS, NOUS PLEURIONS…

Après l'évacuation de la vieille ville, les associations syriennes et internationales relaient le même mot d'ordre : les déplacés peuvent rentrer chez eux. Sous peu, la reconstruction sera lancée, notamment celle des maisons et des lieux de culte. Il faut désormais repeupler la ville pour lui redonner vie. Comme beaucoup, je vois cet appel d'un bon œil. C'est un vrai signe d'espérance, de nature à remonter le moral d'une population brisée par la vision des ruines et du chaos. Il est urgent d'ouvrir une nouvelle page. Les habitants doivent s'engager dans un chemin de réconciliation. Y compris avec les ennemis d'hier. Plus encore que les pierres, la guerre a abîmé les relations humaines.

Dès le 10 mai, le gouverneur de Homs ordonne le nettoyage des rues de la vieille ville. Une décision prompte et courageuse. Des travaux de voirie sont engagés. Dès l'aube, nous assistons médusés au ballet des ouvriers. Rues obstruées rendues à la circulation, gravats emportés par bennes entières… La police réinvestit le périmètre, traquant les voitures calcinées, qui sont aussitôt remorquées hors de la ville. Quant aux volontaires des ONG, notamment ceux du Croissant-Rouge syrien, ils assistent les habitants, encore hésitants et choqués. Le gouverneur arpente ce grand chantier à ciel ouvert, attentif au déroulement des opérations. Nous l'accueillons au couvent. Il tenait à rendre hommage au père Frans. Sa prévenance, son amitié et son respect m'émeuvent.

Les habitants réinvestissent les quartiers d'Al-Hamidiya et de Boustan-Diwân avec une anxiété palpable. Leur maison sera-t-elle toujours debout ? Auront-ils encore une église, une mosquée pour se recueillir ? Les moins chanceux découvrent leur maison à terre. On les reconnaît, penchés au milieu des décombres, en quête d'une photo de famille, d'un souvenir. Un simple objet, qui leur rappellera les jours heureux. La plupart sont arrivés tôt ce matin, du côté de la place de l'Horloge, à l'ouest de la vieille ville, là même où la révolte a commencé, il y a trois ans. Ils sont venus à pied, munis de grands cabas. Ils ont ramassé ce qu'ils ont trouvé. Avant de tourner les talons. Dans le cœur historique de Homs, rares sont les bâtiments encore debout. Ceux qui ont résisté portent des séquelles qui mettront des années à cicatriser.

Un théâtre de fin du monde, sans eau ni électricité, dépourvu de vie, où même les animaux ont disparu. Plus un aboiement, plus un miaulement, plus un pépiement à des kilomètres à la ronde. La Création s'est retirée du monde. Seules les pierres pleurent silencieusement la mémoire des absents. Ce panorama terrifiant n'a pas dissuadé les déplacés de revenir. L'homme est attaché à ses souvenirs comme la mer à son rivage. Chez nous, en Orient, on dit qu'il s'apparente au poisson, qui ne saurait vivre longtemps hors de son bassin. Beaucoup n'ont pas dormi de la nuit, pendus au téléphone, annonçant leur retour à tout leur entourage. L'euphorie leur fait parfois perdre la raison. Dans les premiers jours, une douzaine de personnes sont tuées par les explosifs dissimulés dans les ruines. Nous savions pourtant que le quartier était loin d'être déminé. L'impatience était trop forte.

La plupart étaient loin d'imaginer le degré de destruction. Il fallait qu'ils le voient de leurs propres yeux. Des immeubles de dix étages sont effondrés. Les embrasures de portes et de fenêtres, à nu. Le bois, comme je l'ai dit, a servi de combustible dans les cheminées et les poêles, quand l'hiver était trop rude. Dans cette ville fantôme, certains assiégés se sont servis dans les demeures abandonnées, au gré de leurs besoins. Pour eux, la ville n'était plus qu'une maquette abstraite où il fallait bien survivre. Du reste, à qui pouvaient-ils s'adresser ? Les fantômes ne parlent pas.

Dans ces rues autrefois familières, se repérer confine au casse-tête. La guerre a bouleversé la physionomie de la ville. Certains axes ont été rayés de la carte. D'autres sont envahis par les gravats. Liesse et larmes se mêlent sur les visages. Aux portes de Homs, les habitants pleurent leur chère ville. Ils pleurent leurs maisons, leurs églises. En les observant, je me répète les mots du psaume 121, dont l'écho me bouleverse : « Quelle joie quand on m'a dit : "Nous irons à la maison du Seigneur !" Maintenant notre marche prend fin devant tes portes, Jérusalem ! »

Certains s'introduisent chez leurs anciens voisins, pour tenter de retrouver les biens qu'ils supposent avoir été dérobés. De là à voler eux-mêmes, il n'y a qu'un pas qu'ils franchissent parfois. Une confusion totale règne. Tout repère éthique semble battu en brèche. Même les personnes les mieux éduquées se livrent à des agissements douteux. La guerre a ravagé les maisons, mais il a aussi fallu qu'elle dénature la foi et le savoir-être de nos concitoyens.

Toute une journée sera nécessaire pour calmer les plus agités, et faire cesser les pugilats entre voisins. L'affirmation du philosophe anglais Thomas Hobbes — « l'homme est un loup pour l'homme » — fait tristement écho à ce que nous traversons…

De mon côté, si je suis revenu dans la vieille ville, c'est pour y faire renaître la vie. Par fidélité à l'homme qui a tout donné, pour l'amour de son prochain. Frans n'a jamais songé à abandonner le quartier assiégé, fidèle aux familles. Quand certains pillaient les maisons abandonnées, lui sauvait les biens d'autrui. « C'est ce magnifique état d'esprit que je suis venu perpétuer », dis-je à Samaan, en louant la générosité de Frans qui considérait la Syrie comme sa deuxième patrie. S'il était toujours de ce monde, comment réagirait-il devant la rage des habitants ? Que professerait-il ?

Dans ce chaos indescriptible s'infiltrent des pilleurs. Ils s'attaquent aux maisons des musulmans, des chrétiens, mus par une avidité sans limites. Argent liquide, bijoux de famille, rien ne leur échappe. Et comme si cela ne suffisait pas, ils mettent à sac les mosquées et les églises. Des icônes et des statues sont brisées, des évangéliaires brûlés, des presbytères dévastés. En ce premier jour, les policiers semblent impuissants à réguler les entrées dans la vieille ville. Trois jours supplémentaires seront nécessaires pour remettre de l'ordre, en instaurant des barrages. Les voitures sont interdites. L'entrée se fait à pied, à moins de se prévaloir d'une autorisation préfectorale. Ce filtrage dissuade rapidement les bandits.

À ma grande surprise, les assiégés voient d'un mauvais œil ces retours en masse. Ils sont profondément choqués. « Les gens reviennent pour se voler les uns les autres, se quereller… La guerre ne leur a-t-elle rien appris ? À l'extérieur, ils n'ont manqué de rien.

Et voilà qu'ils viennent nous imposer leurs manières grossières et snobs ! Nous autres, même aux pires heures, nous avons essayé de vivre en paix. Nous étions mieux sans eux. Pourquoi sont-ils revenus ? » Des liens très spéciaux se sont noués entre les civils, sous les auspices du père Frans. À présent, beaucoup se sentent perdus, « comme des brebis sans berger » (Mc 6,34).

Dans le couvent, la vie renaît timidement. Des gens nous rendent visite. Au lendemain de l'évacuation, j'ai mis un point d'honneur à tout remettre en état, non sans contribuer à la reconstruction du quartier, fidèle à la promesse de Frans. « Nous commencerons par vos maisons ! » lançait-il aux habitants. Il faisait toujours passer les autres avant lui-même. Quand j'ai vu revenir les premiers voisins, j'ai aussitôt téléphoné à mon assistant, au centre Saint-Sauveur, ainsi qu'aux religieuses des Saints-Cœurs, en leur demandant de me rejoindre avec le plus de volontaires possible.

Et voilà comment, peu à peu, le monastère a pu redevenir un lieu de rencontre et d'amitié. Ce qui me touche le plus ? Que la tombe de Frans soit devenue une escale pour de nombreux habitants, avant même de chercher à savoir si leur maison est toujours debout. Telle cette fillette, blottie contre sa maman : « Frans, je ne l'ai pas connu. Mais je l'aime beaucoup. J'ai l'impression que je le connais depuis longtemps, tant tu m'en as parlé ! » Parmi les visiteurs, des chrétiens. Mais aussi des musulmans. « C'était une personne admirable, un martyr de l'humanité », clament-ils en chœur. Lors de mon troisième jour de présence, je remarque trois jeunes filles voilées, avec un accent distingué.

– D'où venez-vous ?

– De Damas.

– Vous n'en avez pas l'accent.

– Nous sommes d'origine palestinienne.

Elles ont sans doute des amis à Homs, ou des parents, qui leur auront parlé de Frans. Ce qu'elles réfutent, à mon grand étonnement. « Il y a quelques mois, nous avons entendu qu'un homme juste avait été tué ici, et nous sommes venues lui rendre grâce. » Je suis soufflé. C'est une vraie claque. Nous étions quelques-uns à pleurer un ami. Et voici que des étrangères nous viennent de loin, pleines de reconnaissance. Elles savent qu'un homme bon a mené en ces lieux une vie pétrie d'amour, guidée par le sens du service et du témoignage. Quelle leçon pour moi…

Bientôt, des personnalités politiques, des journalistes, des patriarches, des évêques, des prêtres et des religieux de toutes nationalités leur emboîtent le pas. Notre jardin se mue en un lieu de pèlerinage. Certains insistent pour voir la chambre de Frans, désireux d'y prier en silence. Notre cher Frans, en ces jours, aura fait pleurer plus d'un visiteur ! Discrètement, certains prélèvent une poignée de terre sur sa tombe, en signe de bénédiction. Nous leur remettons aussi une petite photographie de Frans, dans son polo de rugby rayé, un enfant d'à peine un an agrippé à sa jambe. Toute sa bonté est contenue dans cette image.

Imaginez mon émotion, devant le défilé des évêques, prêtres et religieux sur la tombe de Frans. Il y a des grecs-orthodoxes, des grecs-catholiques, des syriaques orthodoxes et catholiques, des protestants… Dans le jardin s'élève l'incessante prière des pèlerins, tandis qu'un livre d'or, disposé sur une table près de la sépulture, s'enrichit d'innombrables hommages. Je suis frappé de constater que Frans, même après sa mort, a le don de rassembler des gens d'horizons si divers.

Son esprit irrigue le travail de notre équipe. Nous avons formé plusieurs groupes, dévolus chacun à une tâche spécifique, à une partie du couvent. Les deux sœurs et moi menons les opérations. Comme dans une ruche, chaque rôle est essentiel. Récolter les détritus, remplir les sacs poubelle et les sortir, préparer les repas, ramasser les gravats et commencer les réparations les plus urgentes… Des amis affluent de toute la région, et même au-delà, pour apporter leur contribution, sans que nous ayons rien demandé. Nos deux femmes de ménage, elles aussi, sont de retour après trois ans d'absence ! Leur sens de l'organisation s'avère des plus précieux. Quelle grâce de les retrouver !

Nous avons aussi la surprise de retrouver Aziz et les siens, ces musulmans qui vivaient auprès de Frans, avant d'être évacués. Ils sont tous là : le père, la mère, les trois filles… Eux aussi connaissent le monastère comme leur poche. Leur présence nous donne des ailes. Ils nous racontent ce qu'ils ont vécu auprès de Frans, l'amitié qui les unissait, les célébrations communes. « Nous avons l'impression de venir travailler dans notre propre maison ! » s'exclament-ils. « Vous êtes chez vous ici ! » leur dis-je sans une once d'hésitation. Main dans la main, nous œuvrons de concert, chrétiens et musulmans, en un lieu voué à l'accueil inconditionnel de tous les Syriens pendant le siège. En renouant avec sa vocation, le couvent redevient ce cœur battant, ce « cœur de l'homme » dont parlait l'ouvrage que lisait Frans lorsqu'il a été tué. Un cœur plein d'amour et de reconnaissance pour les jésuites, et pour Frans en particulier.

Nous travaillons d'arrache-pied, sans compter nos heures. Du matin au soir, le couvent bourdonne d'activité. Pauses café et repas animés ponctuent ces journées de labeur. Les bénévoles s'amusent parfois des objets insolites glanés au cours du rangement. Nous rions de bon cœur.

Le soir, nous prenons le temps de prier dans la crypte. Pour remercier Dieu, encore et toujours. Je n'oublierai jamais cette veillée, avec vingt-trois assiégés et quelques voisins, sans électricité, à la lueur des lampes électriques. Le crépitement d'un feu de bois qui nous prodigue un peu de chaleur. Nous trinquons à l'amitié, comme Frans aurait voulu que nous le fassions. Nous nous racontons nos vies, ce qui nous a fait tenir pendant ces trois années. Un temps pour s'abandonner à la nuit, en toute gratuité. Il est déjà tard quand nous décidons d'aller nous coucher, non sans avoir attribué des chambres à ceux dont la maison est inhabitable. Comme au temps de Frans, le couvent se remplit d'amis jour et nuit. Nous partageons tout. En dix journées, j'ose le dire, le monastère a retrouvé sa splendeur ! Même s'il faudra attendre 2016 pour que tout soit véritablement restauré.

La même ardeur est déployée dans le couvent des sœurs des Saints-Cœurs, à quelques encablures du nôtre. Plusieurs bombes et obus l'ont ravagé, le deuxième étage a été pillé. Nous essayons de protéger ce qui peut l'être, en attendant des jours meilleurs pour engager les travaux structurels. Le centre Saint-Sauveur nous sert de remise, pour stocker ce qui peut l'être. Nous mettons aussi sur pied une équipe itinérante, avec pour mission d'épauler les habitants qui tentent de se réinstaller. Comme le dit si bien Erich Fromm, dont la lecture m'accompagne désormais,

« l'individu qui éprouve pour la vie un amour sans réserve est attiré par toutes les manifestations de vie et d'évolution quelles qu'elles soient. Il est capable d'émerveillement... La vie est pour lui une aventure qui le passionne bien davantage que n'importe quelle certitude ».

Oui, la vie triomphe toujours.

* *
*

Enterrer les morts, redresser les vivants

En ce mois de mai 2014, je décide de rester dans la vieille ville. Jour et nuit. J'opte pour une chambre au rez-de-chaussée du couvent. Avant la guerre, Frans y accueillait déjà des amis de passage. J'y installe un mobilier de fortune. De quoi dormir, et vivre. Ma seule sortie consiste à célébrer la messe à l'église Saint-Sauveur. Je passe aussi en coup de vent dans nos centres, pour garder un œil sur les programmes en cours. Mais j'ai délégué la plupart de mes responsabilités. La sécurité est loin d'être rétablie dans les rues de Boustan-Diwân. Ma place est auprès de la population. Par fidélité à tout ce qu'a entrepris Frans.

Le 10 au matin, je contacte l'imam qui dirige le musée islamique des *Awqaf*, les biens religieux, pour lui rendre le trésor conservé chez nous. Nous nous connaissons bien : il fait partie comme moi du comité de réconciliation. C'est une personne très ouverte et affable. À chaque difficulté, il répond présent. Son sens du service est indéniable. Quand je lui apprends que les pièces du musée sont à l'abri dans le couvent, il n'ose y croire. « *Abouna*, mon père, s'il vous plaît, ne bougez pas, j'arrive très vite. » Conscient de la valeur de ce patrimoine, j'exige aussi la présence de policiers, de membres de la préfecture et de la sécurité. Tous les objets seront filmés et pris en photo, afin d'être répertoriés. Je leur remets des copies des papiers retrouvés dans la chambre de Frans. L'opération dure plus de deux heures. Je suis heureux de conclure cette mission, qui lui tenait à cœur. Un mois après, des félicitations officielles nous sont adressées. Une plaque au nom du père Frans et des jésuites nous est offerte par le directeur du musée. Ce dernier déclare publiquement qu'il considère Frans comme un martyr de Homs et de la Syrie. Quelle émotion pour nous, de recevoir de telles paroles de la part des autorités musulmanes de notre ville !

L'autre défi tient aux conditions précaires qui règnent dans la vieille ville : l'accès à l'eau et à l'électricité est plus qu'aléatoire. Nous perpétuons la vie spartiate que menait Frans avant nous. J'ai la surprise de découvrir que les rebelles avaient installé leur propre réseau électrique dans le quartier, concédant quelques heures d'alimentation quotidienne aux assiégés. Dans un premier temps, nous nous y raccordons. Ce qui nous permet de mener nos opérations de nettoyage et de réparation. Un luxe inestimable, non seulement pour nous, mais aussi pour tous nos voisins.

Quant à l'eau, nous la prélevons dans le puits de l'église grecque-orthodoxe des Quarante-Martyrs, grâce à un tuyau d'une trentaine de mètres relié à notre réservoir. En échange, nous fournissons le mazout nécessaire au générateur électrique qui actionne la pompe. Pour l'acheminer jusqu'aux maisons, nous utilisons le réseau de canalisations astucieusement mis en place par les rebelles pendant le siège. Un beau jour — j'ai déjà mentionné cette histoire —, nous découvrons un puits au pied du noyer de notre cour, grâce aux souvenirs d'un jésuite qui a vécu ici avant nous. Voilà qui résout notre problème d'eau courante. Des puits oubliés, les habitants en redécouvrent dix-huit dans les églises, les mosquées et les maisons du quartier. Grâce à un programme du Service jésuite des réfugiés, nous les réhabilitons un à un, en installant les pompes et les filtres nécessaires à leur usage.

Nous restaurons un autre puits dans un village limitrophe de Homs, pour le plus grand bonheur des habitants. Au centre Saint-Sauveur aussi, un puits est creusé pour faire face à la pénurie. Je n'oublierai jamais la joie de nos voisins quand l'eau est revenue. Ce puits, le père Michael Brenninkmeyer en avait longtemps rêvé. Voilà son vœu réalisé. Ce projet a nécessité plus d'un mois de travail, un sourcier, des ingénieurs, des ouvriers… Une association syrienne de développement, fondée par un ami, nous apporte son aide précieuse. Une fois les puits creusés ou réhabilités, nous envoyons des échantillons d'eau dans un laboratoire pour nous assurer qu'elle est potable. Hélas, les sanctions internationales pesant sur la Syrie ne permettent plus aux labos de recevoir les produits chimiques requis pour les tests. Il faudra encore beaucoup de persévérance pour mener ce projet à son terme. Une grande célébration est organisée pour inaugurer tous ces puits. L'imam d'Awqaf et des dizaines d'autres dignitaires musulmans sont présents, ainsi que des prêtres, des religieuses et des laïcs. Après une prière commune, nous partageons un repas de fête.

Dernier défi, et non des moindres : se nourrir. Faute de gaz et de denrées, nous commençons par nous faire livrer des plats préparés ou achetés par des amis d'Al-Nouzha. Beaucoup de voisins dont la cuisine est ravagée viennent s'attabler à nos côtés. Mais leur nombre ne cesse de croître, et nos ressources sont insuffisantes.

Le Croissant-Rouge accepte de nous fournir des denrées de base, tandis que l'une de nos bénévoles se poste aux fourneaux. Les repas sont servis aux chrétiens et aux musulmans sans distinction. Par chance, notre cuisinière bénéficie d'une solide expérience : elle œuvrait déjà en coulisses, quand nos retraites spirituelles rassemblaient plus de cent personnes, avant la guerre. Mais très vite, nous sommes débordés. Une fois encore, c'est le Service jésuite des réfugiés qui nous sort de l'ornière, en nous allouant un budget pour trois mois, permettant de recruter du personnel qualifié. En réalité, ce dispositif va durer six mois, jusqu'à ce que la situation des civils se stabilise.

En dépit des conditions drastiques, il nous arrive de servir plus de 1 500 personnes par jour. Les bénéficiaires font la queue, munis de plats vides. Certains se restaurent sur place, d'autres rentrent chez eux. La cuisine a d'abord été installée dans une salle attenante à l'église, avant de migrer dans notre école, ce qui nous vaut un avertissement de la police : notre établissement a été nationalisé, et en théorie, nous ne sommes plus censés utiliser les locaux sans autorisation. Retour à la case couvent. Autour de la table, des amitiés se nouent entre chrétiens et musulmans. Un signe d'unité hautement salutaire, dans cette ville meurtrie et divisée. Au cours du ramadan, la période de jeûne de nos frères musulmans, un *iftar*[1] est proposé en signe d'amitié et de solidarité.

Notre ami Samaan nous rappelle les paroles prophétiques de Frans : « L'homme n'est pas seulement un ventre, mais aussi un cœur qui veut être aimé. Nous sommes là pour tout le monde. Je ne

1. Repas que prennent chaque soir les musulmans au coucher du soleil pendant le jeûne du mois de ramadan.

vois pas un musulman ou un chrétien, mais un être humain dans le besoin. » Oh, Frans, tu disais vrai, nous en sommes témoins.

Autre initiative décisive : les colis alimentaires et sanitaires. Notre soutien, sur tous les fronts du quotidien, encourage les habitants à sauter le pas, en venant se réinstaller chez eux. Plus encore, cette action contribue à ravauder l'unité blessée. La réconciliation ? Nous y croyons. Il est bouleversant de voir des chrétiens et des musulmans œuvrer d'un même cœur pour relever leur ville. Grâce à Dieu, personne n'est blessé au cours de ces opérations.

Enterrer nos morts et redresser nos vivants. Telle est notre mission.

Le patrimoine spirituel de Homs est tout aussi abîmé. Pas une église, pas un archevêché, pas un cimetière qui ne soit défiguré. Les églises grecques-orthodoxes ont payé un lourd tribut : celle de Mar Elian a brûlé, celle des Quarante-Martyrs a subi des dommages extérieurs et intérieurs, tandis que Saint-Georges a vu sa toiture soufflée. L'église syriaque orthodoxe Notre-Dame de la Ceinture a subi le même sort. Toujours bien inspiré, Frans avait pris soin de cacher l'iconostase chez lui. Quant à l'église syriaque catholique du Saint-Esprit, son toit n'a pas résisté aux combats, sans parler de sa cour, très endommagée. Même désolation chez les maronites de Mar Maron, ou dans l'église protestante.

En revanche, Notre-Dame de la Paix semble avoir été épargnée. Avec l'évêque grec-catholique dont dépend cette église, nous rendons grâce pour ce miracle, étonnés de retrouver le site intact. Pas pour longtemps. Deux heures après notre visite, une violente explosion ébranle l'église : l'iconostase part en fumée, la coupole s'effondre et la porte en fer de l'édifice, pesant plus d'une centaine de kilos, vole jusqu'à la rue, tuant le frère de l'archevêque syriaque orthodoxe de Homs, et blessant plusieurs autres passants. Un drame terrible. Le bilan aurait pu être plus lourd encore, si notre délégation s'était attardée… Nous apprendrons que la bombe, d'une charge ahurissante, était dissimulée sous la tribune de lecture. Nous l'avons échappé belle. En revenant sur place, avec l'évêque, nous ne pouvons que constater l'abomination. Oh, mon Dieu… Jusqu'où l'horreur ira-t-elle ?

Une tâche plus insolite nous mobilise : des rumeurs persistantes prétendent qu'un trésor serait enfoui dans notre jardin. Profitant du calme du soir, je charge trois volontaires hébergés chez nous de creuser pour en avoir le cœur net. Après plusieurs heures d'efforts, nous mettons au jour une mallette Samsonite remplie de petites coupures — des livres syriennes — pour un montant équivalent à 3 000 euros. Deux mois plus tard, comme personne ne vient le réclamer, nous utilisons ce pécule pour emmener vingt-trois personnes âgées au bord de la mer. Après ce siège interminable, elles le méritaient bien. Le propriétaire de cet argent serait heureux de savoir qu'il a servi à une juste cause.

Quelques jours après, c'est un général de l'armée qui vient nous demander la permission d'effectuer des fouilles dans le couvent. À croire que la terre de Homs n'a pas livré tous ses secrets…

« Vous ne trouverez rien, lui dis-je, agacé.

– Ce sont les ordres. Nous menons des recherches dans tous les couvents, dans tous les établissements, car nous craignons que des armes ou des bombes aient été cachées. Votre sécurité est en jeu. »

Sur les conseils de notre supérieur, nous acceptons sa requête, en exigeant un document signé de son chef, et à la condition qu'il s'engage à ne plus revenir ensuite. Seuls deux d'entre nous restent, en qualité de témoins. Munis de détecteurs de métaux, les soldats ratissent le périmètre, notamment autour de la tombe de Frans. Le détecteur s'emballe. Rien d'étonnant : conformément à notre tradition, nous avons disposé une croix de fer sur le cercueil. Mais les consignes sont formelles. Si ça sonne, ils doivent creuser. « Allez-y, mais promettez-moi de ne pas filmer, et de ne pas prendre de photo. » J'y vois une occasion de m'assurer que le corps du père Frans repose bien dans ce tombeau. Nous avons dû faire confiance à ceux qui vivaient avec lui, lorsqu'il est mort. Mais je n'ai pas assisté personnellement à son enterrement. Bientôt, le cercueil émerge, entouré d'une toile de nylon, attaché à deux cordes, comme je l'avais spécifié. Bredouilles, les soldats cessent leur investigation. L'un d'eux tente de prendre une photo à la dérobée ; nous le réprimandons. Le groupe prend congé. La vue du cercueil de Frans m'apaise. Je prie pour le repos de son âme. Oh, Frans, même après ta mort, ta présence continue à nous faire trembler ! Cette même présence, mystérieusement, fait naître une espérance. Comme tu le disais si bien, « la branche fleurie donne son parfum à ceux qui la cueillent ». Ta personnalité hors normes, tes paroles de feu continuent de rayonner.

Reste une énigme, qui n'en finit plus de me tarauder : si nous sommes capables d'une amitié inconditionnelle, prompts à nous serrer les coudes dans l'épreuve, comment en sommes-nous venus à détruire notre pays, à coups de haine et de vengeance ? Peut-être avons-nous failli collectivement dans l'éducation donnée à nos jeunes. C'est une question éthique fondamentale qui se pose à l'ensemble de la société syrienne. Comment celui qui sème des épines peut-il espérer récolter du blé ?

À la fin de ce mois intense et déroutant, je me sens diminué. L'épuisement, tant physique que moral, affecte mes capacités. Je commence à douter. Traumatisé par la mort de Frans, j'ai l'impression d'avoir perdu ma boussole, mon énergie vitale. À l'invitation d'une famille d'amis, je m'envole pour la Suisse, où l'on me demande de célébrer une messe. Cette semaine de repos tombe à point nommé. À peine descendu de l'avion, on me conduit dans une station thermale. Quelle joie ! Dans cette eau bienfaisante, c'est comme si mon corps se libérait de toute la saleté accumulée pendant la guerre, allégée d'un poids invisible. Je contemple le paysage qui s'offre à moi. Les Alpes, gardiennes silencieuses, m'insufflent leur force. La beauté du monde est un baume pour nos blessures. Oh Seigneur, que tes œuvres sont belles ! Mais une inquiétude sourde continue de me hanter : pourquoi l'homme se permet-il de défigurer la Création divine en usant de ses armes et de sa cruauté ? Que vaut la condition humaine, sans la paix et la beauté ?

* *
*

Noces tragiques

Il est des journées qu'on aimerait ne jamais avoir à vivre.

Celle du 8 juin 2014 en fait partie.

Tout commence trois mois plus tôt. Ce jour-là, alors que je rentre d'une visite en Europe, je tombe nez à nez avec une jeune fille brune, la vingtaine, qui m'attend au centre Saint-Sauveur. C'est là que je réside depuis le départ de nos sœurs, en février 2012[1]. Cette jeune fille m'explique qu'elle cherche du travail. Elle semble triste et préoccupée. Je découvre, non sans surprise, que mon assistant l'a embauchée en mon absence, pour un stage de trois mois.

Nada, c'est son nom, habite à quelques pas de chez nous. Elle appartient à l'Église grecque-orthodoxe. Ses parents fréquentent notre communauté, sans que je les connaisse personnellement. Nada a une sœur et deux frères qui, eux aussi, ont fréquenté notre centre, avant que j'y sois nommé. Tous deux

1. Elles sont rentrées à Homs en juillet de la même année, comme nous l'avons vu précédemment.

y étaient récemment encore très engagés, proches de la communauté et des bénévoles, m'explique-t-elle.

« Pardonne-moi, Nada, mais je ne suis pas sûr d'être en mesure de te trouver un travail par les temps qui courent. Je te promets de faire mon possible. » Faute de mieux, j'encourage mon assistant à la garder parmi nous. Il suggère que nous l'affections au secrétariat. Avec la guerre, il y a tant à faire dans notre centre. Nada se voit donc chargée d'enregistrer les dons que nous recevons quotidiennement : nourriture, matériel médical, produits de première nécessité… Elle organise le stockage des denrées dans la cave de notre centre. Reconnaissante et volontaire, Nada prend sa mission à bras le corps.

Nous apprenons à nous connaître. Quelques semaines après notre rencontre, Nada me demande d'aider ses parents, qui vivent pauvrement. À plusieurs reprises, je me rends chez eux. Petit paysan, ouvrier à ses heures, le père de Nada possède quelques arpents de terre dans son village natal, à 60 kilomètres à l'ouest de Homs, une région réputée dans toute la Syrie pour ses pommeraies. L'homme se désole de voir le commerce de ses deux fils tourner au ralenti : l'insécurité n'est pas bonne pour les affaires. Tous deux tiennent un kiosque non loin de l'université de Homs. Ils y vendent des livres et proposent un service de photocopies aux étudiants. Faute de revenus suffisants, c'est toute une famille qui a basculé dans la précarité. Pour le père de Nada, cette situation est difficile à accepter. Je me revois au quatrième étage de leur immeuble, écouter l'histoire de cet homme courageux et digne…

Chaque jour ou presque, Nada vient travailler à nos côtés. C'est une stagiaire très appliquée.

Trois mois plus tard, ce 8 juin 2014, je me sens fiévreux. J'ai dû encore attraper une vilaine grippe. Garder le lit : ce matin, je n'aspire à rien d'autre. Il me faudra juste honorer un rendez-vous avec un jeune ami dentiste qui collabore avec notre centre. Il vient me présenter un projet qui lui tient à cœur, et évoquer la situation à Homs.

Comme cela arrive parfois, un calme étrange règne sur la ville, nous faisant oublier qu'on est en guerre. Une journée presque irréelle. Le temps paraît suspendu.

Mon ami vient d'arriver. Je me fais violence pour sauter du lit, en dépit des maux de tête et des vertiges persistants qui m'assaillent. Pas la force de me changer ; je dévale l'escalier en short, en m'excusant pour ma tenue relâchée. Nous nous retrouvons dans mon bureau. Dans l'église voisine, la messe du matin, célébrée par un autre jésuite, présent ce jour-là, vient de se terminer.

Soudain, une déflagration ébranle le quartier. Les murs menacent de s'écrouler, les vitres volent en éclats, les meubles et les chaises vacillent. Tétanisés, nous ne comprenons pas immédiatement. Ce n'est qu'en sortant que nous réalisons qu'une voiture piégée a explosé à une quinzaine de mètres de la porte du couvent qui donne sur la rue.

Le kamikaze a déclenché sa bombe à proximité du poste de police qui se trouve non loin du centre. Il y a des blessés et des morts. La confusion est totale. Je me précipite, hébété et hésitant, au milieu du chaos. Avec mon short, j'ai l'air d'un touriste égaré. Des lambeaux de chair et des fragments d'os jonchent la cour de notre résidence. Mon ami dentiste et moi, sans nous poser de questions, les ramassons méticuleusement et les mettons de côté, bientôt rejoints par des volontaires munis de gants en plastique, la bouche et le nez couverts d'un linge. Autour de nous, les flammes et les cris ajoutent à l'horreur. Des passants courent dans tous les sens, se bousculent. « Fuyez, il y en a peut-être une autre ! » entend-on crier. Après plusieurs années de guerre, les gens savent qu'un attentat-suicide se joue souvent en deux, voire trois temps, et qu'une autre charge peut encore exploser à tout moment.

Et de nouveau, je ressens l'assaut de la fièvre. Mes jambes ne me portent plus. Je retourne au centre : « Tu dois faire face sans moi, je ne tiens plus debout », dis-je à l'autre jésuite. Il s'engage à rester auprès des blessés, en attendant les premiers secours, et à essayer d'en savoir plus sur l'identité des victimes.

Ces morts, qui sont-ils ? Combien d'innocents, soufflés par l'explosion ? Les corps sont si déchiquetés que les premiers témoins de la scène semblent impuissants, dépassés par l'ampleur du carnage. Première urgence : s'assurer que des membres de notre paroisse et de notre centre n'ont pas été touchés. Depuis ma chambre, j'organise une cellule de crise. Je téléphone à mon assistant : « Vite, essaye de joindre tout le monde. Les bénévoles, les salariés, les catéchistes, les sœurs… Si quelqu'un manque à l'appel, préviens-moi. »

Malgré mon état de faiblesse, je mobilise ce qui me reste de lucidité pour agir. Les minutes s'égrènent, angoissantes. Un à un, nos amis se signalent en sécurité. Quel soulagement, d'entendre leur voix. En ce dimanche, jour de repos, beaucoup sont restés en famille. Quant à nos paroissiens, la plupart avaient quitté le parvis depuis plusieurs minutes quand la voiture a sauté. Je me sens partiellement rassuré.

Le sommeil, lui, ne viendra pas. Mon téléphone bipe sans interruption. Le père jésuite, que j'ai laissé seul avec les secouristes, m'apprend que les deux frères de Nada sont injoignables. Des voisins prétendent qu'ils se trouvaient tout près du lieu de l'explosion. À ma demande, il se rend à l'hôpital pour connaître l'identité des défunts. On dénombre cinq ou six corps. À ce stade, le décompte reste imprécis, tant les reconstituer s'avère délicat.

De nouveau, le téléphone sonne. Mon compagnon est catégorique : l'un des frères de Nada figure dans la liste des victimes. Du second, on est toujours sans nouvelle.

Cette terrible annonce me fait bondir hors du lit. J'enfile des vêtements propres et convoque le diacre de notre paroisse, ainsi que Georges, mon copilote. Nous voilà sur la route, en direction de l'immeuble où réside la famille de Nada.

À peine arrivés, nous nous frayons un chemin à travers la foule compacte qui se masse dans le hall, dans l'escalier, et jusque dans l'appartement familial. On entend des cris et des pleurs. Le désarroi se lit sur les visages, regard impuissant des proches et des voisins venus entourer la famille. Beaucoup m'interpellent, inquiets de savoir si la communauté a été touchée. Non sans difficultés, je finis par atteindre les parents de Nada.

Tous deux pleurent à chaudes larmes. Ils ont appris que leurs deux fils ont été touchés, mais ignorent s'ils sont en vie. Est-ce à moi de le leur dire ? Un de leurs proches, au téléphone, annonce la terrible nouvelle : le plus âgé est mort. La maman se met à hurler, s'arrache des cheveux par poignées entières. Une souffrance insoutenable submerge les témoins présents, dans un climat de tension extrême. La folie les guette. Mes compagnons et moi sommes saisis. Et inquiets. « Mon autre fils est toujours vivant, n'est-ce pas ? *Abouna*, mon père, dites-moi qu'il vit toujours ! » crient les parents, en m'agrippant. « Aidez-nous à le retrouver ! » Je ne sais que répondre. Leur état d'agitation est de plus en plus préoccupant. Prévenu de la situation, notre médecin nous rejoint. Nous proposons un anxiolytique aux parents de Nada, pour les aider à reprendre leurs esprits, mais ils se rebiffent et recrachent les cachets. Nous devons le leur administrer de force, au moyen d'une injection. Il fallait, d'une façon ou d'une autre, les soustraire à l'hystérie ambiante. Grâce aux jeunes du centre Saint-Sauveur, présents dans l'appartement, nous parvenons, tant bien que mal, à calmer les esprits.

Toujours aucune nouvelle du second frère.

Les premières rumeurs le disent blessé. Blessé mais en vie. Tandis que nos religieuses assurent le relais auprès des parents de Nada, je me rends à l'hôpital où règne un désordre indescriptible.

Les gens piétinent dans la salle d'attente, quémandent des nouvelles de leurs proches, sans obtenir de réponse. La police est là aussi. Tout à coup, je reconnais Ahmad, un jeune sunnite dont la famille est très liée à notre communauté jésuite. Il fond en larmes en m'apercevant. « *Abouna* Ziad, papa n'est pas rentré. Et personne ne me dit rien. À vous peut-être, ils parleront… » Je tente de l'apaiser, en lui murmurant de ne pas s'en faire, de garder confiance, mais en vérité, pas plus que lui je ne suis rassuré. Comme aux autres, on me refuse l'accès aux salles de soin. Je suis physiquement à bout, fiévreux et chancelant. Mais je dois tenir.

Passe un médecin dont le visage m'est familier. Nous sommes du même quartier. Je le supplie d'identifier les corps, lui qui connaît forcément les victimes, au moins de vue. Un officier, lui aussi originaire de notre coin, s'immisce dans la conversation. « Vous devez nous dire qui sont ces six personnes, les gens n'en peuvent plus d'attendre », dis-je avec insistance, pour tenter de déverrouiller la situation. La nouvelle tant redoutée tombe comme un couperet. Les deux frères de Nada sont bien morts. Nous apprendrons plus tard que la voiture piégée était stationnée juste à côté de notre centre, à 15 ou 20 mètres. Le kamikaze s'est arrêté à la hauteur des deux frères, en demandant la direction du poste de gendarmerie. Son attitude a éveillé leurs soupçons, et se sentant démasqué, le criminel s'est fait sauter. Un autre jeune homme qui travaillait au minimarket, juste en face du centre, figure sur la liste des victimes. Deux fillettes syriaques catholiques, que nous connaissons bien, aussi. Et, comme je le craignais, le dernier mort n'est autre que le père d'Ahmad.

Un homme bon, humble… Il allait acheter de la nourriture pour ses enfants lorsqu'il a été fauché. Je mesure aussitôt l'ampleur de la catastrophe pour notre paroisse, pour notre centre et pour notre quartier. Frappés au cœur, nous sommes face à une épreuve inédite.

Comment l'annoncer à la famille de Nada ? Devant l'hôpital déferle le flot ininterrompu des proches des victimes, en quête d'un frère, d'une sœur, d'un père… Avec mon copilote et le diacre de notre paroisse, nous nous sentons impuissants. J'appelle un menuisier que je connais bien.

– Il me faudrait six cercueils. Dès que possible. Combien en as-tu en stock ?
– Six cercueils ? Je devrais te trouver ça.
– Veille à ce qu'ils soient de couleur blanche.
– Blancs, dis-tu ?
– La plupart des victimes étaient très jeunes, c'est important que les cercueils soient blancs pour les familles.

Puis je contacte un ami sunnite, pour en apprendre davantage sur les coutumes funéraires dans la tradition islamique. Le père d'Ahmad est musulman, et je tiens à ce que tout se passe dans les règles, pour lui aussi. Sa famille a besoin d'être entourée. Il en va de mon devoir d'homme de foi que de consoler ceux qui pleurent, qu'ils soient chrétiens ou musulmans. Ces moments de crise extrême éveillent en moi un sentiment d'urgence, la certitude que seule la fraternité peut nous sauver.

À ma demande, l'une de nos sœurs se rend aussitôt au chevet de cette famille musulmane. La somme nécessaire aux funérailles du père d'Ahmad est débloquée.

En Syrie, la coutume veut que les défunts soient inhumés dans le village natal de leur famille. Problème : la famille d'Ahmad n'est pas originaire de Homs mais d'Alep, qu'ils ont fuie en raison de la guerre. Aucune concession n'est disponible pour eux ici. Au prix d'une longue discussion avec le gouverneur de Homs, je finis par lui trouver une place dans un cimetière voisin, après quoi nous organisons le transfert de la dépouille, avec l'aide de nos sœurs. Quelle belle image d'unité interreligieuse ! Je ne l'oublierai jamais. Au cœur de l'horreur, nous nous rassemblons autour de notre humanité commune.

Il me faut à présent retrouver les parents de Nada. Je redoute ce moment. Mais quelqu'un doit leur annoncer le décès du second fils. Je décide de m'acquitter de cette lourde tâche, et de prendre en charge les funérailles des deux enfants. Leur village familial, on l'a vu, se situe à une soixantaine de kilomètres à l'ouest de Homs. J'ai l'intuition qu'il serait judicieux de s'y rendre sans traîner, dès aujourd'hui. L'état d'agitation de la famille me fait craindre le pire. La maman, les sœurs, les cousines… Toutes sont rongées par un désespoir aigu, laissant leurs voisins et amis démunis.

« Je veux une célébration de fête pour mes enfants, m'implore la mère de Nada. Ah, si leurs cercueils pouvaient quitter la ville comme un cortège de noce ! » Ses nerfs vont lâcher, je tente de l'apaiser. Au village, quand je téléphone, tout le monde est déjà sur le qui-vive. Nous sommes attendus. Direction l'hôpital. Des draps blancs nous sont remis par les infirmières. Nous y enfouissons les corps déchiquetés de nos deux amis. Craignant que la mère soit tentée d'ouvrir les deux cercueils pour embrasser ses fils, je charge notre diacre d'aller chercher un marteau et des clous afin de les sceller solidement.

Et maintenant, les corbillards. Il nous en faudrait idéalement deux pour emporter les corps. Or, en ce dimanche, peu de véhicules sont disponibles, en raison du grand nombre d'attentats perpétrés à Homs. Nouveau coup de fil au gouverneur, qui consent à dépêcher deux ambulances pour transporter les corps jusqu'au village des parents de Nada, dans la montagne.

Alors que le convoi est fin prêt, comme je le pressentais, ceux-ci s'évertuent, dans un geste désespéré, à tenter d'ouvrir les cercueils. Une dernière fois, ils aimeraient revoir le visage des deux fils perdus. Dieu merci, les clous résistent.

S'ils savaient…

À ma grande surprise, de nombreuses voitures se greffent au cortège. Au mépris des risques, beaucoup ont souhaité accompagner le dernier voyage des deux frères. Dans le ciel sans nuages, le soleil est insolent.

Dans les rues, les villages, les passants forment une haie d'honneur sur notre passage. Dans toute la région, la nouvelle s'est répandue comme une traînée de poudre. On devine des femmes et des enfants aux balcons des maisons ou perchés sur les toits, qui nous jettent des bonbons et du riz en lançant des cris de joie stridents. Pour eux, ces jeunes sont des martyrs, et c'est comme tels qu'ils les célèbrent. L'hommage de la foule, tout au long du chemin, m'émeut aux larmes. « Jésus a probablement ressenti la même émotion, en entrant dans Jérusalem, au jour des Rameaux », dis-je à l'oreille de notre diacre.

Quarante minutes plus tard, nous pénétrons dans une vallée escarpée, au creux de laquelle se niche le village de Nada. Les habitants massés sur le parcours escortent le convoi funéraire. Femmes en habit noir, hommes en costume. Des scouts en uniforme sont là aussi. S'élèvent alors des chants, au son des tambours et des instruments traditionnels. Une ferveur indescriptible nous enveloppe. Au triomphe des Rameaux succède la douleur du chemin de Croix. Notre foi chrétienne semble mystérieusement récapitulée dans ces derniers mètres, contraction fulgurante des deuils et des espérances de tout un peuple. Tandis que nous nous avançons, très lentement, je dévisage ces femmes graves, en me souvenant des paroles du Christ : « Femmes de Jérusalem, ne pleurez pas sur moi ! »

Au milieu de la foule se tient le prêtre du village. Il y a tant et tant de monde que nos véhicules ne peuvent plus avancer. C'est à bras d'homme, épaulés par quelques habitants, que nous portons les corps jusqu'à l'église. Vingt minutes à pas lents, précautionneux, qui me semblent interminables. La célébration peut commencer. Les cris désespérés de la famille accentuent la tension dramatique de la scène.

À la fin des célébrations funéraires, il est de coutume, dans la tradition grecque-orthodoxe, de rouvrir le cercueil pour saluer une dernière fois le défunt, en appliquant symboliquement un peu d'huile et de terre sur son corps. Et le prêtre, de toute évidence, n'a pas été informé des circonstances de l'attentat et de l'état déplorable des dépouilles… Je comprends, médusé, qu'il s'apprête à faire ouvrir les cercueils, comme il en a l'habitude. Posté de l'autre côté de l'autel, je me rue sur lui et retiens sa main *in extremis.* « Ne faites pas ça ! » N'écoutant que son amour, la maman se jette alors elle-même sur les cercueils. Je tente de la raisonner : « Écoute-moi. Tu as une belle image de tes fils. Garde-la dans ton cœur. Tu ne les reconnaîtrais pas, je t'en conjure, fais-moi confiance. » De plus belle, elle se met à crier : « Je veux être sûre que ce sont bien mes fils ! » Devant son obstination, je fais signe à quelques jeunes gaillards d'emporter les cercueils. C'est fini.

Le soir même, je dors d'un sommeil agité. La souffrance de ces parents me hante. Que vais-je leur dire, demain, pour tenter de les aider ? Panser les cœurs meurtris de ceux qui pleurent est l'une des tâches les plus difficiles pour un prêtre. Dans le silence de la nuit, je m'en remets au Seigneur qui veille sur ce monde : « Viens consoler leurs âmes et protéger leurs cœurs. »

Le lendemain, nous rentrons à Homs, où nous attend la famille d'Ahmad. Nos sœurs ont acheté de la nourriture et du café pour recevoir les proches de la famille venus assister aux funérailles. Les voisins de toutes confessions sont là, pour entourer et protéger

Ahmad et sa maman, tous deux brisés. Aujourd'hui, il n'y a plus ni musulmans ni chrétiens. Juste des frères.

Tombée de la nuit. Homs s'estompe sous un baume bleuté, piqué de quelques étoiles, et ma fièvre est retombée. La volonté humaine est surprenante : quand les circonstances l'exigent, nous puisons en nous-mêmes des ressources insoupçonnées. Mais c'est Dieu, je le sais, qui m'a donné le courage de faire ce que j'ai fait, avec les jeunes de notre centre, notre équipe et l'autre père jésuite. Ensemble, nous avons tenté l'impossible pour aider les familles.

Le lendemain, deux autres célébrations ont lieu, dans le même climat de sidération et de tristesse. Deux journées effroyables, qui m'ont marqué au fer rouge, deux mois seulement après l'assassinat du père Frans.

Chaque visage entrevu au cours de ces deux journées restera gravé en moi. L'odeur de la mort me colle à la peau. Et il y a l'amitié, en particulier celle qui m'unit à la famille de Nada. Un lien inexprimable, appelé à grandir, encore et encore. L'espérance n'est pas morte.

* *
*

Trois mois ont passé.

Nuit noire sur Homs. Le sifflement d'une roquette m'arrache à mon sommeil.

La charge explose à quelques mètres, dans l'appartement où vit Nada, notre précieuse secrétaire. Je dévale les escaliers et me porte à son secours, au milieu des flammes.

Je la retrouve, miraculeusement indemne, sa chemise de nuit gorgée de mazout, dans les ruines de son salon…

« Pourquoi Dieu nous fait-il ça, pourquoi ? », me dit en tremblant celle qui a déjà perdu ses deux frères bien-aimés. « Ce n'est pas Dieu, Nada, ce n'est pas Dieu… Ce sont les hommes. »

* *
*

La bonté face à l'intégrisme

En juin 2011, j'ai la chance de me rendre en Algérie quelques jours. Une parenthèse bienfaisante. Je n'oublierai jamais ma visite au monastère de Tibhirine, dont les sept moines trappistes, assassinés en 1996, ont depuis été béatifiés. Avec Christian, le jésuite qui m'accompagne, nous sommes envoûtés par l'esprit de paix qui émane de ce lieu. Mais bientôt, un sentiment étrange me gagne. Comment peut-on oser tuer des hommes dont le seul désir est de servir les autres, de la façon la plus désintéressée qui soit ? Soudain, je me rends compte que nous risquons de subir le même sort. Et si la violence, en ces premiers mois de crise syrienne, atteignait un degré comparable à celle qui a frappé l'Algérie pendant les « années noires » ? J'ai la crainte très nette de voir le « Printemps arabe » perverti par l'idéologie islamiste… Mais je suis loin d'imaginer l'ampleur de la vague qui balaiera bientôt notre pays, dans des proportions terrifiantes.

Aujourd'hui encore, la montée de l'intégrisme reste à mes yeux une énigme. Comment des mouvements extrémistes ont-ils pu s'infiltrer dans notre pays et se structurer si vite, en fédérant des individus par milliers ? Le phénomène m'a surpris par sa soudaineté. Peu avant avril 2011, des discours et des slogans étranges sont apparus, portés par des musulmans salafistes et conservateurs, peu visibles avant la guerre. Certains ont profité des manifestations pour laisser éclater au grand jour une idéologie islamiste qui couvait sans doute depuis longtemps, comme une bombe à retardement. Leur projet est clair. Ils veulent imposer leur mode de vie intégriste à l'ensemble du pays. Nous dire comment nous habiller, nous nourrir, ce que nous devons lire ou écouter…

Ce jour-là, j'accompagne un ami sunnite pour négocier la libération de deux chrétiens retenus par les rebelles dans le vieux Homs. Leur chef justifie ses actes à coups de versets coraniques, sans une once de recul critique. Je lui rétorque posément que, selon moi, l'islam se résume aux premiers mots de la *Fatiha*, la sourate d'ouverture du Coran : « Au nom de Dieu, le Miséricordieux. » La miséricorde me semble essentielle dans la pratique et la prière d'un musulman. L'islam que je connais, c'est une religion de paix et de tolérance. D'un geste de la main, le chef des rebelles approuve vaguement mon argumentation. En réalité, il n'est pas convaincu. Ce qui l'anime, c'est une conception étroite et dévoyée du djihad, appliquée au pied de la lettre, jusqu'à la folie.

La discussion touche à sa fin. Je prends mon courage à deux mains en apostrophant une dernière fois mon interlocuteur : « Bon, et maintenant, il faudrait relâcher vos deux otages chrétiens… Cela montrera à tous que vous appliquez avec justesse les enseignements de l'islam. Le Coran n'encourage-t-il pas à pratiquer la miséricorde ? » Il esquive ma supplique, me faisant comprendre que ces deux hommes sont des otages, et qu'ils seront jugés comme tels, en vertu de la loi islamique. Quelques jours plus tard, j'apprendrai qu'ils ont été exécutés d'une façon horrible, avant d'être inhumés dans une maison abandonnée. Cet échec me laisse un goût amer.

De telles histoires sont légion. Musulmans et chrétiens font les frais du nouvel ordre fanatique, en particulier au sud de Homs, autour de Qousseir, de Yabroude et de Nebek. Les intégristes prônent la fondation d'un « État islamique » et l'application littéraliste et radicale de la charia. Cette mentalité s'instille comme un poison, contaminant peu à peu l'ensemble du pays. Des nouvelles inquiétantes nous parviennent du Nord, notamment de Raqqa, où Daesh a instauré un régime de terreur. Les églises ont été détruites. La pression sur les habitants est telle que beaucoup ont fui. La musique est prohibée, au même titre que toute forme de coutume festive, au nom d'une certaine interprétation de la loi islamique. Lors d'un voyage en Suède, je rencontre le prêtre grec-catholique de Raqqa. Il me raconte comment les djihadistes sont entrés dans son église, en le laissant pour mort, avant d'y disposer des explosifs. Il fait défiler sur son smartphone des photos de l'église orthodoxe de la ville, rasée au bulldozer, la croix abattue.

Sur les rives du fleuve Khabour, treize villages chrétiens ont subi les foudres de Daesh. Au moins 90 habitants ont perdu la vie. Des maisons ont été incendiées. Les survivants ont fui vers Hassaké. La plus ancienne église de Syrie, à Tal Hermouz, a été ravagée par les flammes. Dans la région d'Adelb, d'autres villages chrétiens (Yakubiyah, Qeniehet et Jdided) sont sous le joug d'une entité islamiste rivale, le front al-Nosra. Ses inféodés interdisent les icônes et les croix, exigeant des chrétiens qu'ils observent la loi islamique, au même titre que les musulmans. Leurs maisons et leurs biens sont confisqués, sans aucune considération pour l'amitié liant depuis toujours les deux communautés. Ceux qui en avaient les moyens ont quitté la région. Seuls demeurent les plus âgés, ou les plus malades d'entre eux.

Rami, mon assistant à Homs, est originaire de Yakubiyah. Il n'a de cesse de louer la beauté de ce village, de vanter la bonté de ses habitants. À ses yeux, s'il est un paradis sur terre, c'est bien là ! Ses rêves d'enfance, ses souvenirs familiaux, sa vie tout entière sont contenues dans ce coin de Syrie. Il y possède une vaste oliveraie. Ah, si vous l'entendiez dépeindre, avec un lyrisme bien à lui, le temps des récoltes, le parfum des olives… Rami et les siens produisent une huile de renommée nationale. Hélas, il a tout perdu. Sa maison familiale. Son pressoir. Ses arbres. Tout… Tant d'années de labeur, réduites à néant. Ses parents ont dû quitter le village où ils s'apprêtaient à couler une retraite paisible. Rami et les siens ont échoué à Homs, fin 2013. Ils n'avaient plus rien.

J'apprécie Rami : sa philosophie au cœur de l'épreuve, sa manière de considérer l'imprévu… C'est un homme sage et structuré. Il sait conduire un projet et son sens relationnel nous est précieux. Avant le conflit, Rami faisait partie de nos équipes CVX. Frans et lui se connaissaient de longue date. Son aide s'est toujours révélée décisive. Son amour de la terre le rend singulier. Il prend soin des autres comme un paysan veillerait sur son domaine, avec une vigilance mâtinée de dévotion. Quand le père Frans a été tué, il était là. Grâce à lui, nous avons pu organiser les funérailles. Peu après, Rami s'est rendu en Europe, au chevet de ses parents malades. Dès que j'en ai l'occasion, je fais un crochet pour lui rendre visite. Rami n'exprime qu'un vœu : revoir son village, ses oliviers, et relancer son activité. Malgré la distance, son cœur demeure enraciné dans cette terre qui l'appelle nuit et jour. Son village, je ne l'ai jamais vu. Mais j'en suis tombé amoureux, à force de l'entendre m'en faire l'éloge. Je rêve de m'y rendre un jour, quand les intégristes n'y seront plus.

* *
*

Le 21 octobre 2013, un ami prêtre m'appelle au secours. Il faut aider d'urgence ses paroissiens, pris au piège à Sadad. Cette ville de 15 000 habitants se trouve à 70 kilomètres à l'est de Homs, dans une région désertique. Des affrontements font rage tout autour. Les djihadistes du front al-Nosra ont mené une attaque d'une violence extrême à bord de leurs 4x4, ne laissant aucune chance aux jeunes qui se trouvaient sur leur route. Une centaine de civils ont été massacrés, dont 14 femmes et 2 enfants. Certains, sommairement exécutés. D'autres, ciblés par des snipers, ou des tirs de mortier. Il faudra attendre le 28 octobre pour qu'une contre-attaque de l'armée gouvernementale vienne à bout des djihadistes, après une semaine de combat.

Dès le lendemain, je me rends sur place avec mon ami prêtre. Sur la route, nous croisons des voitures pleines d'enfants, d'hommes et de femmes. L'effroi se lit dans les regards. Leurs yeux sont rougis par les larmes. En entrant dans le village, le paysage de dévastation nous laisse sans voix. Nous retrouvons le prêtre syriaque orthodoxe : « Nous avons enterré 29 chrétiens, et il reste encore des corps », nous relate-t-il, moralement très éprouvé. L'école est détruite. Les maisons ont été pillées. Les poteaux électriques couchés, les bâtiments officiels endommagés, les quatre églises du village profanées. En y pénétrant pour me recueillir, je réalise que les djihadistes les ont utilisées comme casernements : des matelas et des couvertures sont restés en place, tandis que le dallage est jonché de boîtes de conserve vides, et autres canettes usagées. Les murs sont tagués de slogans fanatiques, hostiles aux « infidèles ». Le plus déchirant, c'est de voir les autels fracassés, les tabernacles réduits en miettes…

J'apprends avec horreur qu'une famille entière a été décimée, hommes, femmes, enfants, tous jetés au fond du puits de leur maison. Les prêtres eux-mêmes ont frôlé la mort. L'un d'eux me rapporte une scène surréaliste et glaçante : au moment d'abandonner la ville, deux djihadistes l'ont conduit hors de l'église, pour lui loger une balle dans la tempe. Mais le fusil s'est enrayé. « Laissons-lui la vie sauve, son heure n'est pas venue. C'est la volonté de Dieu. » Je suis saisi par le courage de cet homme de foi, qui ne semble pas plus traumatisé que cela, et continue de courir à droite à gauche pour épauler les rescapés. Quelle force ! C'est avec lui que nous enclenchons l'aide d'urgence pour les villageois, en collaboration avec le Service jésuite des réfugiés, et notre équipe de Homs.

* *
*

Un autre drame a ému les Syriens, et l'ensemble de la communauté internationale. Il s'agit de l'entrée des djihadistes dans la cité antique de Palmyre, à l'est de Homs, en mai 2015. Près de 280 musulmans y ont été massacrés, des monuments inestimables, dynamités. Cinq familles syriaques et un jeune prêtre ont dû quitter précipitamment Palmyre quelques jours avant l'assaut. Située au cœur de la ville moderne, leur église a été pillée, brûlée. Je n'oublierai jamais les larmes de ce prêtre. Il a tremblé pour ses paroissiens, plus que pour lui-même.

Avant l'invasion de Palmyre, des rumeurs annoncent déjà l'imminence d'une attaque de Daesh à l'est de Homs. La peur a commencé à se répandre. Des paroissiens nous ont demandé d'établir un plan d'évacuation pour échapper aux fanatiques. Je relaie ces craintes auprès de notre provincial, et de mes confrères. Puis je me rends dans les montagnes de l'Ouest, pour évaluer la capacité d'accueil des villages de la région. Nous ne sommes pas prêts à revivre le drame de 2012, quand les Homsiotes ont fui en masse, sans savoir où se rendre…

L'hypothèse d'une offensive de Daesh à l'est, notamment dans la ville de Qaryatayn, semble se préciser. J'en discute avec le père Jacques Mourad, ainsi qu'avec les responsables des diocèses syriaque catholique et syriaque orthodoxe. Notre première idée consisterait à évacuer les chrétiens à Kattiné, au sud de Homs, et dans la vallée des Chrétiens, à l'ouest. Mais la population de Qaryatayn n'y est guère favorable. Jacques lui-même me signifie qu'il ne quittera jamais sa ville, qu'il est là pour servir les chrétiens et les musulmans. Si certains veulent partir, c'est leur choix.

Jacques et moi, nous nous connaissons depuis plus de vingt ans. Originaire d'Alep, ce prêtre syriaque catholique a participé à la fondation de la communauté de Mar Moussa, à Nebek, avec Paolo. Jacques est souvent venu dans notre couvent, à Homs, et moi-même, j'ai fréquenté Mar Moussa. Jacques était très proche de Frans et des jésuites. Quand les djihadistes ont lancé leur offensive contre le village de Mahin, non loin de Sadad, le 21 octobre 2013,

Jacques a requis mon aide pour reconstruire les maisons des habitants, musulmans pour la plupart, tout en apportant un soutien aux civils réfugiés à Qaryatayn, dans son monastère de Mar Elian, devenu un pôle humanitaire de premier plan. Je suis admiratif du travail qu'il mène avec son équipe. En plein désert, il a réussi à transformer ce lieu de prière en oasis de paix et d'amitié. Nous collaborons étroitement avec lui pour subvenir aux besoins des familles de la région. Outre la formation dispensée à son équipe, nous leur envoyons de la nourriture, des médicaments, et coopérons pour la prise en charge des enfants et des personnes avec un handicap. Pour Jacques, ce travail conjoint vient sceller l'amitié entre les deux communautés, chrétienne et musulmane. Il ne fait aucune différence entre elles, et s'efforce d'aider son prochain, sans discrimination d'aucune sorte. Il y a une telle bonté de cœur et d'esprit en Jacques, un sourire d'une telle distinction, que l'on se sent tout de suite en confiance avec lui.

C'est avec Jacques que je reviens à Mar Moussa en 2013, pour la première fois depuis le départ du père Paolo. Les fidèles ont abandonné les lieux. Subsistent une religieuse, deux frères et trois laïcs. Je célèbre la messe dans l'église aux murs couverts de fresques, en songeant à l'histoire si particulière de ce lieu, à la mission de dialogue interreligieux que lui avait assignée Paolo. Entre ces murs, son esprit affleure partout. Je ressens presque physiquement sa présence. C'est comme si notre ami allait surgir d'une embrasure de porte, prêt à m'interpeller de sa voix rocailleuse.

De là, nous filons vers Mar Elian en voiture, à travers l'immensité désertique. Je passe la nuit chez Jacques, après avoir écouté les déplacés, et célébré la messe à leurs côtés, en communion avec nos bienfaiteurs.

Jacques me décrit les difficultés propres à cette région où de nombreuses personnes ont prêté allégeance à Daesh. Les terroristes ont endommagé les conduites de gaz au nord de Qaryatayn, et désormais, le monastère est menacé. Jacques et les responsables musulmans se sont portés volontaires pour négocier la libération des ouvriers venus réparer les gazoducs. Quelques jours après, ils sont tous relâchés. À travers son amour des autres, son sens du service, Jacques est devenu un leader pour les habitants de la région, reconnu et respecté de tous. Chrétiens et musulmans le perçoivent comme un père spirituel.

Le 21 mai 2015, alors que je me trouve en Suisse, je m'entretiens avec Jacques au téléphone. Le sort des habitants de Qaryatayn, après l'entrée des combattants de Daesh à Palmyre, le préoccupe vivement. Et s'il évacuait le monastère ? « Ziad, rien n'est clair. Beaucoup de voitures et de bus sont arrivés de Palmyre, chargés de civils. Il paraît que des mines au phosphate ont été disséminées sur les routes. Nous sommes en train d'aménager des places pour tous ces déplacés. Et je dois trouver de la nourriture. Ne t'en fais pas pour nous. J'ai entendu dire que les djihadistes allaient passer à 30 kilomètres de chez nous, pour occuper l'aéroport militaire de Tifour. » Ah ! Jacques ! Il est aussi entêté que nous ! Comme nous, il feint d'ignorer que la pensée diabolique de ces guerriers ne fait aucune différence entre ce qui est bon et ce qui est mauvais. Les djihadistes sont aveuglés par leur idéologie salafiste. Plus tard dans la journée, nous nous appelons de nouveau, à la demande d'une amie de Mar Moussa installée à

Genève. Mais il ne répond plus. Aux alentours de 13 heures, un ami prêtre syriaque finit par décrocher. En sanglots. « Jacques vient d'être enlevé », lâche-t-il d'une voix effarée. Les djihadistes l'ont pris avec un autre homme du monastère, Boutros.

Quelques jours après, la ville de Qaryatayn tombe aux mains des djihadistes. Les opposants sont exécutés. Les chrétiens, eux, déportés à Palmyre. Le monastère de Mar Elian est rasé. Le cimetière subit le même sort. Les deux églises sont livrées aux flammes. Effacer toute trace de présence chrétienne : tel est le projet insensé de ces groupes, au mépris de notre civilisation, de sa diversité confessionnelle. Ainsi s'achève la mission de Mar Elian, tant spirituelle que sociale et humanitaire, dans ce grand désert de Homs. En quelques heures, les œuvres patiemment bâties par Jacques et ses amis sont parties en fumée…

Août 2015 : de Raqqa, Jacques est conduit à Palmyre, où il retrouve ses fidèles. Les djihadistes les emmènent ensuite à Qaryatayn. Là-bas, l'émir de Daesh leur fait comprendre que leurs maisons et églises sont devenues propriétés de l'État islamique, et qu'ils doivent se soumettre à la nouvelle loi. En tant que gens du Livre, ils peuvent continuer à vivre leur foi, à condition de payer le tribut, comme jadis. Dans le cas contraire, ils seront décapités ou vendus comme esclaves. La discussion, conduite par le père Jacques, aboutit à la signature d'un accord. Il n'avait d'autre choix, pour épargner la vie de ses fidèles.

Quelques jours après, Jacques parvient à s'extraire discrètement de la ville, et à regagner Homs, où il retrouve sa liberté, après plus de cinq mois de captivité. De là, il embarque pour Rome pour y être opéré du cœur.

Ce n'est qu'en avril 2016 que l'armée gouvernementale reprendra Qaryatayn. Détruite et abandonnée, la ville n'est plus que l'ombre d'elle-même. Je retrouve Jacques à Rome. Il me raconte ce qu'il a dû endurer, et comment la prière et la méditation de la Bible lui ont permis de survivre, en dépit des conditions terribles de sa détention. Boutros et lui étaient retenus dans une salle de bain étriquée, nourris de riz et d'eau. Son témoignage me déchire. Depuis Souleimaniye, en Irak, où il réside à présent, Jacques poursuit sa mission de solidarité. Il n'a pas abandonné les Syriens, et continue de prêcher la paix en aidant les réfugiés.

La tâche est immense. La persistance de réseaux intégristes et djihadistes en Syrie, à l'image de Daesh et al-Nosra, n'en finit plus de détruire le tissu humain et religieux de notre société. L'action terroriste de ces mouvements atteste qu'ils n'ont rien à voir avec la religion musulmane. N'oublions jamais que l'islam a contribué à bâtir la civilisation du Proche-Orient, en donnant naissance à un art, à des sciences et à une pensée d'une grande richesse, dont l'Occident s'inspirera au Moyen Âge. L'intégrisme ne fait qu'effacer les traces de civilisations entières, comme à Palmyre, ou en d'autres lieux où les temples, les monastères, les églises et les mosquées sont systématiquement détruits. Aujourd'hui, de nombreux chrétiens, comme d'autres croyants de Syrie et du Proche-Orient, sont hantés par la peur. Partir ? Pour beaucoup, la tentation est réelle. Ils redoutent de nouvelles exactions, toujours plus cruelles. Nombre de chrétiens du nord de la Syrie ont fui en Europe, en Amérique… Ces départs constituent une perte irrémédiable pour notre société, dont la richesse intrinsèque repose sur la diversité culturelle et religieuse.

Je tiens à saluer l'héroïsme des Syriens, en particulier des religieux et des religieuses, qui ont surmonté des épreuves inimaginables. Leur foi demeure intacte, et ils trouvent encore la force de remercier Dieu d'être vivants. Chez les chrétiens comme chez les musulmans, je remarque que la foi perdure. Malgré l'insécurité, les églises sont pleines à craquer. Même dans la détresse la plus noire, les gens continuent de prier. Il me semble que le conflit a modifié notre cœur. La souffrance et l'odeur du sang nous ont poussés à nous unir. À Homs et dans la région, toutes les Églises collaborent pour relever ceux qui en ont besoin. J'ose le dire : la guerre a libéré nos Églises d'Orient, qui pouvaient sembler repliées sur elles-mêmes, pour ne former qu'une même Église. Pour les autres, et avec les autres.

* *
*

Sortir des ténèbres

Après huit ans de guerre farouche, la Syrie reste meurtrie et divisée. Les combats ont tué des centaines de milliers de personnes, sans compter les blessés, les disparus. Des millions de déplacés, à l'intérieur du pays, et de réfugiés, dans les pays limitrophes et le reste du monde, hésitent à rentrer chez eux. Certains, souvent les plus pauvres, ont été engloutis par les flots en tentant de fuir dans des embarcations de fortune. Notre société est déchirée. De nombreux hommes ont quitté leur foyer pour porter les armes. D'autres sont en détention ou ont été enlevés, quand ils n'ont pas quitté le pays pour toujours. Les femmes sont restées seules, avec leurs enfants, lesquels ont été livrés à eux-mêmes, sans école ni éducation. La Syrie compte un grand nombre d'orphelins. Moins visible que la misère sociale, la souffrance psychologique est tout aussi répandue.

Le commerce est encore largement paralysé. Nombre d'usines et d'entreprises ont été endommagées ou pillées. Sanctions internationales et embargos ne facilitent pas la vie des habitants de Syrie. La situation de notre patrimoine culturel demeure elle aussi préoccupante. Débordés par la montée de l'intégrisme, par la violence, nous n'avons pas su protéger ce legs inestimable, qui n'appartient pas seulement aux Syriens mais à l'ensemble de l'humanité.

La guerre a divisé le cœur des Syriens : intellectuels, politiciens, religieux et laïcs, artistes, simples citoyens... Même au sein d'une même famille, des tensions se font parfois sentir. Le conflit a aussi cristallisé des rivalités internationales, au Proche-Orient et au-delà. Le monde entier a fait la guerre dans notre pays, directement ou par procuration. Notre destin est influencé par des forces étrangères, soumis à des desseins géopolitiques qui nous dépassent.

Ce sombre tableau n'a pas empêché de nombreux Syriens de continuer à œuvrer pour le bien commun, afin de sauver ce qui pouvait l'être. Comment ne pas se sentir concerné ? Comme l'a si justement souligné le pape François, durant sa visite en Italie à Lampedusa, le 8 juillet 2013, nous ne pouvons pas nous habituer à la souffrance d'autrui. Cette « mondialisation de l'indifférence », dit-il, fait de nous des « innommés », c'est-à-dire « des responsables sans nom et sans visage ».

Des associations et des fondations ont tenté de bâtir des ponts entre les communautés syriennes, malmenées par la tempête. Ce livre s'est attaché à mettre en lumière le travail de paix et de réconciliation mené par plusieurs d'entre elles. Leur effort ne faiblit pas. Il y a tant à transmettre et à entreprendre pour élaborer une démarche globale, tournée vers le refus de la violence et la division, et former des hommes et des femmes de paix. C'est à ce prix que l'espoir renaîtra pour les générations futures. Il me semble essentiel d'agir le plus tôt possible, notamment auprès des enfants en bas âge, pour façonner les citoyens de demain. Nous devons transmettre l'amour de la civilisation bâtie par nos ancêtres, qui est un héritage commun. L'expérience de la richesse culturelle favorise l'acceptation de la diversité, dans le respect des libertés individuelles. Il s'agit d'apprendre à vivre avec les autres, et pour les autres. Ce « savoir-être » est essentiel quand surviennent des temps difficiles, car il permet aux individus de rester lucides et attentifs aux besoins de la société, au cœur de l'adversité.

La Syrie abrite une formidable mosaïque culturelle. Notre peuple est composé d'Arabes, de Syriaques, d'Assyriens, d'Araméens, de Kurdes, de Tcherkesses, d'Arméniens et de Turkmènes. Les religions présentent elles-mêmes un visage pluriel, qu'il s'agisse de l'islam (sunnite, chiite, alaouite, druze, ismaélien…) ou du christianisme (orthodoxe, catholique, protestant…)

Cette richesse risque malheureusement de devenir notre talon d'Achille. Une partition ethnique et religieuse est à craindre dans notre société. Il est de notre devoir de contrecarrer cette visée diabolique de séparation, en préservant le trésor inaliénable de l'unité. Ce que l'on peut retenir du témoignage du père Frans et de tous ceux qui se sont démenés à ses côtés, c'est l'importance d'être *avec* et *pour* l'autre. C'est la force de l'ouverture, dans un pays riche de cultures multiples.

Vivre *avec* et *pour* l'autre, c'est le signe que l'Église se tient auprès de tout homme. Toujours et partout. Cette vocation consiste à aller au-delà des frontières afin de relever les opprimés, de consoler les affligés. En Syrie, cette mission a été portée par l'Église universelle, devenue la conscience implicite de notre société autant qu'un acteur majeur de l'action sociale. Des hommes et des femmes l'ont incarnée avec dévouement, souvent au péril de leur vie. Il ne fait aucun doute que cet engagement sera un jour reconnu dans l'histoire de la nouvelle Syrie, qui renaîtra tôt ou tard.

Avec mes frères jésuites, si nous avons pu répondre à ce défi immense, c'est sans conteste grâce au bagage théorique propre à notre famille religieuse et à cet esprit ignacien, garant d'une foi ancrée dans la glaise du quotidien. C'est elle qui nous a permis de recentrer notre mission sur l'Homme, d'orienter nos actions vers la paix et la réconciliation. Ce recentrage ne s'est pas fait sans douleur ni renoncements : nous avons dû en effet nous déprendre de certains de nos champs apostoliques traditionnels pour élargir nos services à l'ensemble de la société syrienne touchée par le conflit, sans distinction religieuse ni politique, et plus seulement aux chrétiens et amis de nos communautés…

À travers nos programmes éducatifs, nous avons tenté de planter de bonnes semences dans le cœur de nos jeunes, de nos voisins, dans l'espoir qu'elles fleurissent un jour dans le désert de la guerre. Il s'agit pour nous de promouvoir la « petite espérance » telle que Charles Péguy en fait l'éloge, et qui, selon les mots du pape François est « comme une fleur fragile qui cherche à s'épanouir au milieu des pierres de la violence[1] ».

Frappés de plein fouet par la brutalité des combats, nous avons essayé d'entrevoir au cœur du conflit la possibilité d'une guérison de notre mémoire, personnelle et collective. Guérir du passé, mais aussi guérir du présent. Guérir de toute la violence subie ou vécue. Je ne prétends pas que nous sommes parvenus à cette réconciliation de notre mémoire souffrante. Mais nous en avons semé les graines, notamment auprès des jeunes, soucieux d'éviter qu'une nouvelle génération soit contaminée.

1. Message du pape François pour la 52e journée mondiale de la Paix en décembre 2018, en référence au *Porche du mystère de la deuxième vertu* de Charles Péguy.

Au fond, toute notre mission spirituelle, éducative et humanitaire est sous-tendue par la volonté de réconcilier les cœurs de nos concitoyens. Professer de beaux discours théoriques ne produit pas d'effets magiques, je le sais bien. Il est nécessaire de toujours partir de l'expérience humaine, pour espérer changer les hommes. Cours de vie pour les plus jeunes, négociations en faveur des otages, séances de médiation dans les quartiers… Par tous les moyens, nous avons tenté de rompre le cercle de la violence verbale, des menaces, pour rallumer la flamme collective, pour que l'espérance l'emporte sur la vengeance. Malgré les divisions extérieures, il ne tient qu'à nous de nous réunifier intérieurement, sans attendre la fin du conflit. Si nous échouons, c'est toute une génération qui risque d'être perdue, corsetée par la haine. Toute notre énergie doit être tournée vers l'avenir, pour rebâtir notre pays, en dépit des difficultés quotidiennes, du froid, des incommodités, du manque de nourriture et surtout d'amour.

Inlassablement, le pape François nous encourage à porter mutuellement nos croix : « Être un homme, cela veut dire être gardien des uns pour les autres[1] », non seulement pour nous sauver, mais aussi pour sauver la belle création de Dieu, parce *qu'Il voit que sa création est bonne* (Gn 1,12) . Si nous devons conjurer la haine, c'est parce que notre existence n'a de sens qu'au regard de celle de notre prochain, quelle que soit son ethnie, sa confession. Sans le secours de la foi, je n'aurais sans doute jamais trouvé la force de rester à Homs, de surmonter les deuils et les menaces. C'est ce dont j'ai témoigné auprès de lui, quelques mois plus tôt, lors de notre rencontre, à Rome, le 20 juin 2013… jour

1. Pape François, le 7 septembre 2013.

de mon quarantième anniversaire ! « Que pouvons-nous faire pour vous ? », m'interroge alors le pape jésuite, ému d'accueillir un religieux de la Compagnie venant de Homs. « S'il vous plaît, nous avons vraiment besoin de votre prière », réponds-je, en lui recommandant tout spécialement Frans, 75 ans, dont plus de quarante en Syrie. L'idée a sans doute fait son chemin dans l'esprit du pape : à son appel, le 7 septembre suivant, une journée mondiale de jeûne et de prière est célébrée pour la paix en Syrie. La guerre, déclarera encore le pape à cette occasion, « marque toujours l'échec de la paix, elle est toujours une défaite pour l'humanité[1] ».

Ce conflit a jeté une lumière crue sur la situation misérable de notre peuple. Mais serait-ce pour autant irréaliste que d'aspirer à la réconciliation et à la paix, en vivant le pardon, en pratiquant le dialogue, en cultivant la parole qui donne le fruit de la vie ?

En quittant la Syrie, en 2017, pour une nouvelle mission au Liban, je n'ai rien emporté que quelques balles ramassées à Homs. Elles ont été tirées sur un homme, une femme, une maison, parfois en l'air. L'une d'elles m'était destinée. Leur sifflement mortel est gravé en moi. À mon image, bien des Syriens se sentent écartelés, entre le souvenir des combats et le rêve d'une vie plus belle. J'ai survécu à tant d'aventures, tant de fois frôlé la mort… Parfois, j'ai le sentiment que la paix est hors de portée, se dérobant sans cesse. Dans ces moments, je me raccroche aux dessins d'enfants qui me suivent partout, dans ma valise. Ces cartes émouvantes ont été dessinées par nos élèves. Après tout ce qu'ils ont vécu, ils sont

1. Pape François, le 7 septembre 2013.

encore capables d'espérance. Oh, les enfants sont nos maîtres ! Mais je crains souvent qu'ils ne soient les seuls en Syrie, à porter cet élan. Tant d'adultes ne rêvent plus, perdus dans leurs cauchemars. Beaucoup s'interrogent sur l'identité de leur ennemi au lieu d'aller rencontrer leur prochain, ce qui contredit l'esprit de l'Évangile.

Les mots me manquent pour clore ce récit. J'aimerais rendre grâce à Dieu, qui fut mon refuge intime, autant que le protecteur de notre mission. C'est grâce à Lui que nous avons pu cheminer sous les bombes et œuvrer d'une telle manière. Oui, Dieu était avec moi, avec nous. À chaque instant. « Gravé sur les paumes de mes mains », comme le dit si bien le prophète Isaïe. Je rends grâce, aussi, pour la présence du père Frans. Devant son exemple, je me sens si humble, si redevable. Ce qu'a accompli notre regretté jésuite en faveur des chrétiens et des musulmans dans la vieille ville de Homs, au cours des deux années qu'a duré le siège, tient du miracle. Il était pour tous un frère, un père et un serviteur. Au milieu de la haine et de l'absurdité, sa solidarité sans faille fut déterminante. Ses paroles, comme des grains tombés dans la bonne terre, ont donné des fruits au centuple (Mc 8). Sa voix pacifique s'est élevée au-dessus du tumulte des armes. Un jésuite suisse, qui avait étudié avec lui à Lyon, m'a fait cette confidence que je trouve très vraie : « Frans et moi, nous avons été formés à la théologie et à la philosophie. Mais Frans, par son action et son témoignage en Syrie, a été bien plus loin. Il a inventé une théologie pratique. »

En écrivant ce livre, mon but n'était pas de produire un beau discours. Ni de prêcher une réflexion théorique ou idéaliste, dans un pays où les défis restent vertigineux. Pas davantage je n'ai souhaité aller sur le terrain politique. J'ai simplement voulu raconter la souffrance vécue durant ces huit ans de violence déchaînée, tant sur le plan personnel que collectif et décrire, par mon témoignage, les défis de notre vie quotidienne : comment nous avons essayé, malgré les menaces, d'œuvrer pour la paix et la réconciliation. Nous avons enduré les mêmes peines que les autres Syriens. La même peur. La même douleur. En essayant de rester fidèles à notre vocation.

Mon vœu ? Voir la paix renaître dans mon pays, afin que les familles syriennes se réunissent, que les enfants renouent avec la joie, que les jeunes puissent de nouveau rêver d'un avenir.

Il est urgent de se réconcilier.

L'heure est venue de rejeter, pour de bon, la voie des armes.

« La paix s'affirme seulement par la paix, celle qui n'est pas séparable des exigences de la justice, mais qui est alimentée par le sacrifice de soi, par la clémence, par la miséricorde, par la charité. » Comme ces paroles de Paul VI[1] résonnent en moi, après toutes ces années d'épreuve !

Je sais que le chemin sera encore long. Mais le flambeau que nous ont transmis Frans et nos autres compagnons, religieux, religieuses et collaborateurs, n'est pas près de s'éteindre.

Un jour viendra où nous sortirons des ténèbres.

La lumière l'emportera.

* *
*

1. Message du pape Paul VI pour la journée mondiale de la Paix, 1er janvier 1976.

Remerciements

Je voudrais remercier toutes les communautés, les écoles, les universités et les mouvements jésuites dans le monde, surtout notre Service jésuite des réfugiés (JRS), qui nous ont soutenus.

Je rends grâce pour l'aide sans faille des religieuses des Saints-Cœurs et des pères paulistes, ainsi qu'à tous nos amis et bienfaiteurs dans le monde entier qui nous ont encouragés à continuer notre mission.

Un immense merci aussi à toutes les fondations, associations, paroisses et congrégations religieuses qui nous ont permis de continuer notre mission pour la gloire de Dieu et le service de l'homme :

– l'Œuvre d'Orient : Mgr Pascal Gollnisch et Catherine Baumont ;

– l'Aide à l'Église en détresse : Mgr Andrzej Halemba ;

– la Mission Pontificale/CNEWA : Michel Constantin ;

– Caritas international ;

– Christian Solidarity International (CSI) : John Eibner ;

– l'Institut européen de coopération et de développement (IECD) : Alexis Beguin ;

– l'association allemande Stephanus Fondation : Maria et Jochen Langer ;

– l'association Les Amis de Mar Moussa en Suisse ;
– Initiative Christlicher Orient en Autriche ;
– l'association Franco-Syrienne Espoir (AFSES) ;
– Schweizerischer Heiligland-Verein en Suisse ;
– l'association Aiutiamo la Siria onlus (AIULAS) : Francesco Giovannelli.

Merci enfin à François-Xavier Maigre pour le temps qu'il m'a consacré en coécrivant ce livre avec sa plume de journaliste et de poète, et à Anne-Sophie Jouanneau, qui en a assuré l'édition avec beaucoup de talent.

Plan de la région de Homs

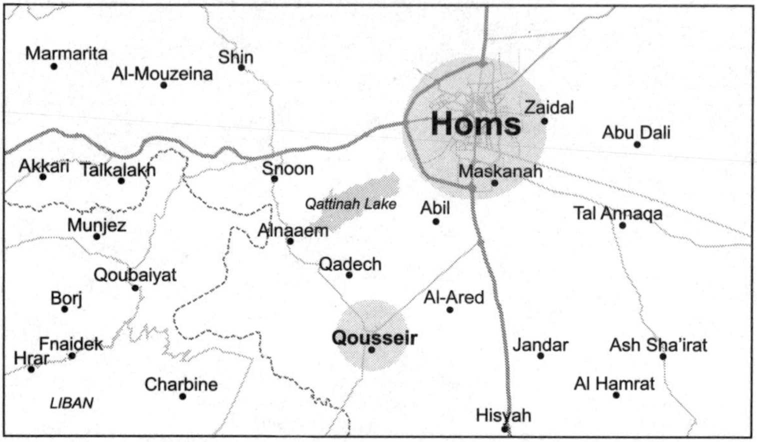

Plan de la ville de Homs

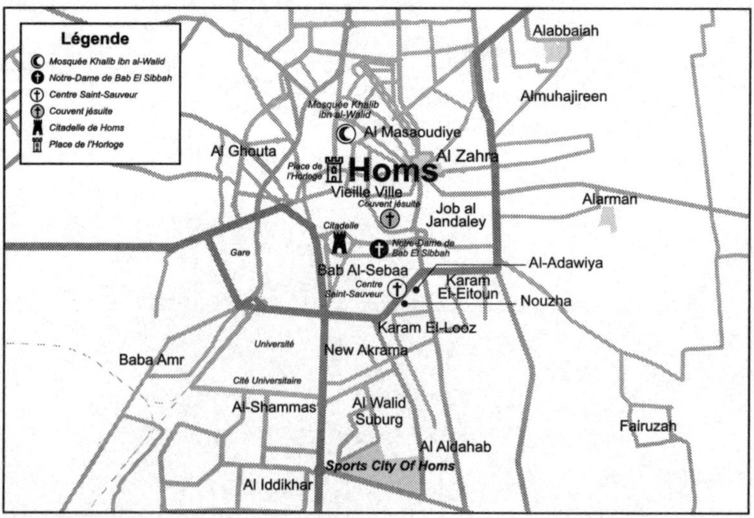

Siège de la ville de Homs

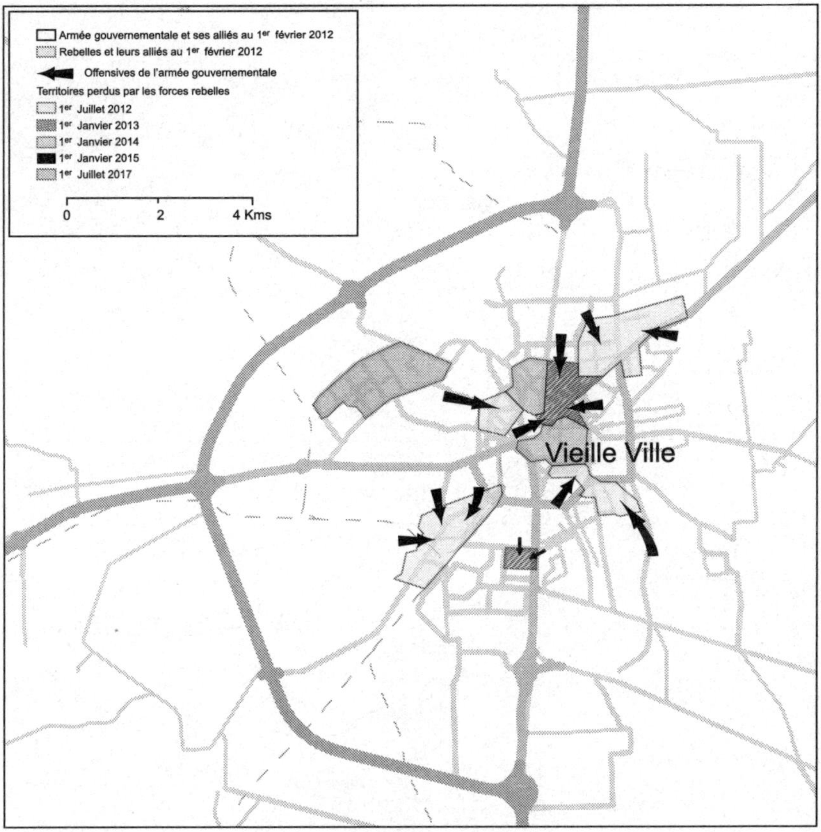

Table des matières

Composition et mise en pages
Nord Compo à Villeneuve-d'Ascq

Cet ouvrage est imprimé sur un papier certifié PEFC
qui garantit la gestion durable et responsable des ressources forestières

Achevé d'imprimer en France en mars 2019
par Normandie Roto Impression s.a.s., 61250 Lonrai
Dépôt légal : mars 2019 - N° d'impression : 1900683